COMBATS POUR LA FRANCE

DU MEME AUTEUR

Non, je ne me tairai plus, Lattès, 2017.

Amine El Khatmi

Combats pour la France

Fayard

Avec la collaboration d'Isabelle Saporta

Couverture : Le Petit Atelier
Illustration : © Margot L'Hermite

ISBN : 978-2-213-71310-6
Dépôt légal : novembre 2019

Au lieutenant-colonel Arnaud Beltrame
À Stéphane Charbonnier, dit Charb
À Marceline Loridan-Ivens

« Nos ennemis pourront couper toutes les fleurs,
ils n'empêcheront jamais le printemps. »

Pablo Neruda

Prologue

Entre novembre 2018 et septembre 2019, j'ai sillonné la France à la rencontre des militants du Printemps républicain et des Français. Marseille, Grenoble, Clermont-Ferrand, Lille, Annecy, Macon, Bourges, Châteauroux, Moulins-sur-Allier, Montélimar, Lunel ou encore Trappes, Bagnolet ou Saint-Denis en banlieue parisienne.

Ces petites lignes ferroviaires que l'on veut fermer, je les ai empruntées ; ces gares que l'on souhaite désaffecter, j'y ai traîné ma valise ; ces buffets qui se meurent, je m'y suis restauré ; ces rues désertes alignant des vitrines de commerces désespérément vides, j'en ai bien souvent frappé les pavés ; les Français qui galèrent mais restent dignes, je les ai rencontrés et écoutés.

Aussi bizarrement que cela puisse paraître de nos jours, à l'âge identitaire des préoccupations personnelles, notre pays est profondément ancré en moi et son devenir me préoccupe.

J'aime la France. Nous vivons dans un pays extraordinaire. Au sens propre, il sort de l'ordinaire.

Se distingue. Est à part. Dans l'ordre de l'univers, il y a eu l'étincelle du Big Bang ; à l'échelle humaine, je le ressens comme cela, au risque de provoquer quelques ricanements, il y a le miracle des Lumières allumées par le génie français.

La France est ce pays qui pense l'Universel. Qui pense que tous les hommes naissent libres et égaux en droits. Qui pense que cette idée vaut par-delà ses frontières et pour tous les hommes, d'où qu'ils viennent et où qu'ils soient. Notre pays a légué à l'humanité des idées qui fondent encore en partie l'ordre du monde. Des idées qui ont permis à des peuples de s'émanciper, de s'extirper de notre joug aussi.

Penser l'Universel nous a permis d'engendrer la laïcité. Cette forme d'organisation de la société qui sépare le pouvoir temporel du pouvoir spirituel et qui permet à chacun de ne pas vivre côte à côte, ni face à face, mais ensemble au sein d'une même société, de partager un même idéal républicain. Cette laïcité bien française qui permet la mixité et le brassage des cultures. Celle qui a permis au fils d'immigrés marocains que je suis de devenir français, élu de ce pays, et de se sentir lié par le cœur et l'esprit à la France et à son histoire, sans rien renier de cette part de moi-même qui me rattache à l'autre rive de la Méditerranée.

J'aime la France, car nous avons mis en place la forme la plus aboutie de sociabilisation et de redistribution des richesses. Nous avons fait des services publics le bien de tous et notamment de ceux qui n'ont ni héritage, ni patrimoine. Dans quel autre pays, à l'heure de la mondialisation capitaliste, est-il possible d'avoir accès à des services publics de si bonne qualité ? Où ailleurs dans le monde peut-on se faire soigner grâce à la solidarité nationale ? Où peut-on avoir le droit à une éducation de si bonne qualité sans s'endetter sur dix ans ?

La France, c'est un art de vivre qui doit beaucoup à notre agriculture, car nous avons fait de la table et du comptoir des lieux de rencontres et d'échanges uniques. Chaque région, chaque contrée, chaque île a son identité, sa spécialité culinaire, son fromage, sa bière, son miel, son vin, sa charcuterie, son dessert. Autour de la table, les idées circulent, les cultures se brassent et le commun se construit.

La France ne serait pas la France sans son extraordinaire géographie, son patrimoine, sa culture. Notre langue, si complexe. Nos musées, si riches. Nos grottes, ornées. Notre presse, si diverse. Nos théâtres et nos bibliothèques. Nos universités. Nos scientifiques. La culture, l'art, appartiennent à l'humanité. Nous sommes les gardiens bénévoles d'un patrimoine universel.

Je pourrais prolonger ce tableau sur des pages entières. C'est tout ça, la France. Et bien plus encore. Cette vocation française pour l'universel agace. Beaucoup, au sein même de notre pays, nous en font le reproche, mais elle fait notre particularité. Quand la rédaction de *Charlie Hebdo* est décimée par des terroristes islamistes, des dizaines de chefs d'État convergent vers Paris pour afficher leur solidarité avec notre peuple, dire non à l'obscurantisme et rendre hommage à une bande de dessinateurs irrévérencieux qui n'avaient de respect pour rien ni personne. Lorsque Notre-Dame-de-Paris s'embrase, c'est le monde entier qui retient son souffle et se fige d'effroi devant les images.

Je crois que nous devons assumer notre place particulière et non nous en repentir. Avec modestie et humilité.

Poser ce regard empreint de fierté sur la France ne doit pas nous empêcher de nommer avec lucidité les problèmes auxquels est confronté notre pays et les défis immenses qui se présentent à lui. Durant tous ces mois, je suis allé à la rencontre de cette France qui s'inquiète, qui doute, qui désespère parfois. Cette France en colère qui a le sentiment de ne plus compter aux yeux de personne.

Ce sont ces « gilets jaunes » des ronds-points assommés par les taxes et qui, bien que travaillant, n'arrivent pas à offrir une vie digne à leur famille.

Ce sont ces agents d'accueil des caisses d'allocations familiales et des centres de Sécurité sociale qui se prennent en pleine face la montée des incivilités et de la violence, ces fonctionnaires, policiers, pompiers, personnels des urgences et des hôpitaux, premières lignes de la République au bord de l'épuisement.

Ce sont ces femmes qui à la Chapelle, Sevran, Saint-Denis et ailleurs luttent contre un nouveau patriarcat islamiste qui œuvre à leur effacement de l'espace public.

Ce sont ces Juifs qui n'imaginaient pas un jour devoir faire leurs bagages pour quitter en masse des villes de banlieue dans lesquelles leur sécurité n'est plus assurée.

Ce sont ces homosexuels agressés en plein Paris, là où depuis toujours ils pouvaient vivre leur amour sans se cacher. Et d'autres, qui, pour se mettre à l'abri des insultes et des coups, doivent fuir des banlieues, où leur orientation sexuelle est perçue comme l'ultime trahison à leur religion et à leurs origines.

C'est la France de ces étudiants et chercheurs qui ne veulent pas se résoudre à voir leurs universités devenir des temples de la censure ou les théâtres de réunions interdites aux Blancs au prétexte d'un antiracisme dévoyé.

C'est la France Toujours Charlie, celle qui défilait dans les rues du pays en janvier de 2015, qui soutient sans « oui, mais », sans réserves, sans détours, le droit des caricaturistes de se moquer de tout et de tous.

C'est la France de Guéret et de Privas, celle des territoires périurbains et ruraux qui sait bien la réalité de l'urgence climatique et est prête à bien des efforts, mais refuse que, depuis Paris, ceux qui bénéficient des réseaux de transports collectifs les plus fournis du pays viennent lui expliquer à elle, qui vit loin de tout, qu'elle doit abandonner sa voiture.

C'est, enfin, la France de ces millions d'orphelins de gauche, humanistes, qui attendent et espèrent qu'une voix républicaine et laïque, sociale et écologiste, féministe et universaliste, se fasse entendre pour parler en leur nom. C'est pour eux que, avec mes amis du Printemps républicain, je mène ces combats pour la France !

Première partie

Longtemps, nous avons vécu comme des enfants gâtés. Nous nous sommes comportés comme des rentiers, là où nos prédécesseurs avaient été des combattants. Nous avons cru, par confort, par facilité, par négligence, que la République était un édifice immuable. Que ses principes étaient gravés dans le marbre comme aux frontons de nos édifices publics. Éternels. Irréversibles. Nous avons considéré que l'universalisme des Lumières faisait consensus dans la société française et que ceux qui le remettaient en cause, aux extrêmes, dans des minorités activistes, étaient inoffensifs, impuissants devant le nombre, incapables de fissurer un édifice aussi imposant.

La prise de conscience fut longue, et douloureuse. Nous nous sommes réveillés un matin de janvier 2015 avec une immonde gueule de bois, comme si nous venions de dessaouler d'un coup, d'un seul, d'une longue nuit d'ivresse, d'inconscience et de légèreté. Nous découvrions, les pieds dans une mare de sang, que notre modèle, celui de l'universalisme républicain, celui que l'on imaginait intangible, était en proie à une crise profonde, qu'il était l'objet d'une offensive sans précédent. Qu'une partie de notre jeunesse avait cessé d'adhérer aux valeurs communes, devenues, pour elle, finalement, une donnée relative, parmi tant d'autres. Nous avons pris conscience, pour certains d'entre nous, de la fragilité de l'universel face à la mécanique identitaire qui s'était mise en place, de toutes parts, pour faire feu sur notre socle commun. De tout cela, vous m'en avez tant parlé durant ce tour de France. De votre inquiétude face à la montée des revendications identitaires, de votre crainte de voir la philosophie de l'intérêt général s'effacer face à la dictature des particularismes, de cette idée que toute forme de dénominateur commun serait une atteinte à la liberté individuelle, de cette culture de l'assignation qui vise à réduire l'autre à son origine, à sa couleur de peau, à sa sexualité, à sa domiciliation, à sa religion, réelle ou supposée d'ailleurs. De votre refus que la liberté d'expression soit sans cesse remise en cause. Femmes, Juifs, LGBT, vous m'avez dit votre lassitude d'être confrontés à la violence au point de ne plus pouvoir vivre votre vie librement. Voilà, ce que j'ai décidé de vous raconter.

Combats pour Charlie

Lorsque, rallumant son téléphone en quittant un rendez-vous ce 7 janvier 2015 au matin, Marika Bret aperçoit les notifications d'appels manqués et de SMS tomber à la chaîne sur son écran, elle comprend que quelque chose s'est passé à *Charlie Hebdo*. « Avant même de lire les messages, j'ai su qu'un événement grave était arrivé. Me sont immédiatement revenues les discussions avec Charb, son effarement lorsque nous avons découvert qu'il était recherché "mort ou vif pour crimes contre l'islam" par Al-Qaïda au Yémen. Le souvenir de l'attaque de 2011 aussi. » Deux jours avant la publication d'un numéro spécial consacré à la charia, dans la nuit du 1er au 2 novembre 2011, les locaux de la rédaction sont entièrement détruits par un incendie criminel causé par un jet de cocktail Molotov. Cette première attaque choque profondément le pays et divise, déjà, la gauche au sein de laquelle certaines voix, dont celle de Rokhaya Diallo, minimisent la portée de l'incident en évoquant dans une tribune[1] de simples « dégâts matériels » ne méritant pas « une mobilisation médiatique et politique supérieure à celle, pour le moins discrète, qu'occasionne l'incendie ou la mise à sac d'une mosquée ou d'un cimetière musulman ».

Marika Bret se souvient aussi de ces signes moins spectaculaires mais tout aussi inquiétants. Un soir, après avoir faussé compagnie aux officiers chargés de sa protection policière pour se rendre incognito à un concert dans le 17e arrondissement de Paris, Charb décide d'arrêter un taxi pour rentrer chez lui. Le chauffeur, d'apparence arabo-musulmane, le reconnaît et refuse de le laisser monter dans le véhicule. Pire, il prévient par radio ses collègues que « Charb est dans le secteur ». Le caricaturiste saute sur un Vélib et rentre chez lui en ayant eu peur, pour la première fois, pour son intégrité physique.

Figure moins connue du grand public que les Cabu, Tignous et Wolinski, Marika Bret n'en est pas moins l'une des personnalités historiques de *Charlie Hebdo*. Présente dès le lancement de la nouvelle version en 1992, elle accompagnera de longues années durant la vie du journal au gré des arrivées, des départs, des polémiques et des menaces toujours croissantes. Ce 7 janvier 2015, bien que toujours très proche de ses « potes de Charlie », Marika Bret, ayant décidé

---

1. *Pour la défense de la liberté d'expression, contre le soutien à Charlie Hebdo*, 5 novembre 2011 (http://lmsi.net/Pour-la-defense-de-la-liberte-d).

quelques années auparavant d'écrire une nouvelle page de sa vie professionnelle, n'est plus salariée du journal. Elle est pourtant invitée à se présenter le soir même au 36 quai des Orfèvres, à Paris. « On me présente à une psychologue. Je n'ai rien à lui dire. Je suis bien sûr anéantie, mais à ce moment précis ma personne ne comptait pas. La seule question qui me hantait était de savoir pourquoi la République n'avait pas su protéger mes amis ? » Avouant son incapacité à lui répondre, la psychologue oriente Marika Bret vers le chef des enquêteurs, qui commence par lui révéler l'identité de Saïd et Chérif Kouachi (dont l'une des cartes d'identité avait été retrouvée dans le véhicule abandonné par les deux terroristes dans leur fuite). Avant de conclure, en forme de réponse à la question posée : « Madame, sachez que depuis des mois, ici, on ne se demande pas si un incident autour de *Charlie* va se produire, mais à quelle date il va se produire… »

Dans la foulée, Marika Bret croise Richard Malka. L'avocat historique du journal, pressentant l'immensité des épreuves qui vont se présenter, cherche à la convaincre de revenir travailler au sein de la rédaction. « Il n'y a que toi qui peux rentrer dans cette équipe qui va avoir besoin d'aide. Tu les connais tous, tu dois revenir », lui dit-il. Bret se laisse convaincre, plaque son travail et rejoint les survivants le 8 janvier. Dans une rédaction qui a toujours fonctionné à la bonne franquette, la nouvelle directrice des ressources humaines va devoir remettre de l'ordre dans l'administratif, accompagner sur le plan humain des personnels traumatisés et organiser la réception et la gestion des milliers de dons qui des quatre coins de la planète affluent déjà. « Et puis il y avait ce texte de Charb, cet héritage laissé au milieu du chaos. » Le 5 janvier 2015, deux jours avant l'attentat, Charb apporte à la rédaction les dernières corrections d'un livre sur lequel il travaille depuis plusieurs mois et qui doit sortir en février 2015 à L'Échappée, la maison d'édition du journal. La *Lettre aux escrocs de l'islamophobie qui font le jeu des racistes* est un vibrant plaidoyer destiné à répondre aux accusations de racisme régulièrement lancées contre le journal en démontrant, dessins et éditoriaux à l'appui, que *Charlie Hebdo* se moque autant, voire plus, des catholiques et des juifs que des musulmans et n'a en réalité que l'irrévérence, la satire et la caricature comme boussoles.

Le texte est une mise au point précise et documentée sur ce qu'est la laïcité à la française et les raisons de cet attachement si français à l'universalisme, autant qu'une déconstruction par l'absurde de l'escroquerie intellectuelle que représente le concept d'islamophobie : « Les militants communautaristes qui essaient d'imposer aux autorités judiciaires et politiques la notion d'islamophobie n'ont pas d'autre but que de pousser les victimes de racisme à s'affirmer musulmanes. [...] Si demain les musulmans de France se convertissent au catholicisme ou bien renoncent à toute religion, ça ne changera rien aux discours des racistes : ces étrangers ou ces Français d'origine étrangère seront toujours désignés comme responsables de tous les maux. » Et de poursuivre sur l'histoire de Gérard et Mouloud, tous deux musulmans, le second ne parvenant pas, contrairement au premier et à cause de son prénom arabe, à louer un appartement !

Le texte, qui dénonce (*sic*) « la haine que certains tarés ont des musulmans », s'attache enfin à répondre à cet insupportable paternalisme de gauche qui perçoit les musulmans comme de pauvres et éternelles victimes, imperméables à l'humour et à l'autodérision et auxquelles il faudrait accorder un statut d'exception leur permettant de se soustraire à la caricature et à la moquerie : « En vertu de quelle théorie tordue l'humour serait-il moins compatible avec l'islam qu'avec n'importe quelle autre religion ? [...] Si on laisse entendre qu'on peut rire de tout, sauf de certains aspects de l'islam parce que les musulmans sont beaucoup plus susceptibles que le reste de la population, que fait-on, sinon de la discrimination ? Il serait temps d'en finir avec ce paternalisme dégueulasse de l'intellectuel bourgeois blanc de gauche qui cherche à exister auprès de pauvres malheureux sous-éduqués », conclut celui qui est alors directeur de la publication de *Charlie Hebdo*. La démonstration est implacable.

Les hommages et la gestion de la crise accomplis, se pose alors la question du devenir du livre, son auteur n'étant plus là pour en assurer la promotion. Marika Bret se tourne alors vers les parents et le frère de Charb : « C'est à eux qu'il revenait de choisir, et leur choix, quel qu'il soit, devait se respecter. » La famille donne son accord pour que le texte soit publié.

Il le sera en avril 2015, rencontrant immédiatement un succès en librairie étant même traduit dans plusieurs langues, dont l'anglais, l'allemand, l'espagnol ou le néerlandais… « J'étais rassurée et heureuse que ce livre trouve son public. D'abord parce que c'était un hommage rendu à l'œuvre de Charb, qui ne supportait pas que l'on puisse confondre *Charlie Hebdo* et *Rivarol*. Mais, surtout, nous commencions à voir revenir la petite musique du "oui, mais…". » Alors que la violence de l'attentat avait fait taire les critiques des détracteurs habituels du journal, le temps passant autorisait les langues à se délier à nouveau. Les condamnations de l'attentat s'accompagnaient de plus en plus fréquemment des fameux « ils l'ont un peu cherché », « ils n'auraient pas dû dessiner le prophète Mahomet », « ils sont obsédés par les musulmans » ou encore « Charb a conduit son équipe à la mort »… « Ce livre était à la fois la plus belle réponse qui puisse être apportée à ces insanités et en même un texte d'une très grande pédagogie pour expliquer ce qu'est l'esprit Charlie », poursuit Marika Bret, qui n'oublie pas que de très nombreux Français, y compris parmi ceux qui peuplaient les files d'attente devant les kiosquiers pour s'arracher le numéro des survivants, n'ont jamais eu le journal entre les mains et ignorent tout de ce qu'est ce fameux « esprit Charlie »…

Dans le nord de la France, le comédien Gérald Dumont referme le livre en partageant la même conviction. « Je ne connaissais pas Marika, mais, après avoir lu le livre, j'ai compris que nous devions en diffuser le contenu le plus massivement possible. » Le contact entre Bret et Dumont est noué, et décision est rapidement prise de créer une lecture-spectacle reprenant des extraits du livre et des dessins de Charb et de parcourir les lycées du pays. À l'automne 2015, les premières lectures sont présentées devant les lycéens. « C'était chouette », se remémore Marika Bret. « Chaque représentation donnait lieu à un débat avec les élèves. Pour nous, il était impensable de laisser des jeunes, qui pour certains n'avaient jamais entendu parler de *Charlie* ou de laïcité, sans possibilité de réagir. Ils venaient de voir des dessins crus, mettant en scène des figures religieuses que certains considéraient comme ne pouvant être représentées… Il était important que toutes les questions soient posées et tous les débats ouverts. » L'opération est un succès, les élèves se montrent curieux, certains exprimant réserves ou désaccords, mais toujours dans le respect, l'échange et l'écoute.

Devant le succès de ces interventions dans les lycées, Gérald Dumont propose d'élargir l'audience : « Si ça marchait si bien devant les lycéens, pourquoi ça ne marcherait pas devant des étudiants, dans les universités, les centres sociaux, les théâtres, les salles municipales ? Charb partout et devant tous », se souvient le comédien. « Et c'est comme ça que les emmerdes sont arrivées », lâche en rigolant Marika Bret. Le début des emmerdes et d'une incessante confrontation avec la lâcheté et la couardise. Ce qui semblait relever de l'évidence, compte tenu de la place désormais occupée par *Charlie Hebdo* dans l'imaginaire collectif français et du prix payé par la rédaction pour la défense de la liberté d'expression, allait virer au casse-tête et à un incroyable enchaînement de reports, d'annulations et d'appels à l'interdiction de la lecture du texte.

Tout commence par une première alerte en décembre 2016 à Lomme, dans le nord de la France. Alors que la pièce doit être jouée dans la médiathèque de la ville, la municipalité informe Gérald Dumont que la soirée doit être repoussée pour « raisons de sécurité et manque de personnel ». Le report se transformera en annulation pure et simple, la ville ne répondant plus aux relances du comédien.

Le 2 mai 2017, le texte doit être présenté à la maison des associations d'Arras. Deux associations antiracistes, le Mouvement contre le racisme et pour l'amitié entre les peuples (MRAP) et la Ligue des droits de l'homme (LDH) font savoir leurs craintes de « cautionner la ligne politique mise en avant par *Charlie* depuis Val », selon le secrétaire du comité lillois de la ligue, qui n'est pas loin de présenter cette « ligne » comme antimusulmane. Sous la pression, la lecture est annulée[1].

Au printemps 2017, la programmation est prévue à la fac de Lille. « En recevant le document annonçant cette soirée, je me suis rendu compte que ma venue n'était pas annoncée et que le nom *Charlie Hebdo* n'apparaissait

---

1. Contacté, l'actuel président de la Ligue des droits de l'homme, Malik Salemkour, évoque des « informations erronées ».Quant à la direction du MRAP, contactée par mail en date du 11 septembre 2019, elle n'a pas donné suite à nos sollicitations.

pas », se souvient Marika Bret. Gérald Dumont demande des explications à la direction de l'université. Les réponses tardent à arriver, l'événement approche et le couperet tombe : annulation ! Le président de l'université, Xavier Vandendriessche, justifie sa décision[1] par la crainte de « débordements » et poursuit : « Le climat et l'ambiance sont si lourds. Je sais qu'on est un peu complices en agissant de la sorte et ça m'emmerde, mais j'ai préféré annuler. » Contacté pour revenir sur cet épisode, Xavier Vandendriessche n'a pas souhaité répondre à mes questions, justifiant son refus par le fait que « cet événement a entraîné un déferlement d'injures tant à mon égard qu'à celui de l'université ».

Au même moment, l'équipe de la compagnie Théâtre K qui accompagne Dumont dans l'aventure commence à craindre pour sa présence au festival de théâtre d'Avignon. Faire raisonner les mots de Charb dans le plus grand rassemblement théâtral du monde, maison de Jean Vilar et temple des libertés d'expression et de création, semble être une évidence unanimement partagée. Des discussions avancées sont engagées depuis plusieurs mois avec deux théâtres bien implantés dans la Cité des papes : l'Entrepôt et la Manufacture. À quelques semaines du lever de rideau, les directions des deux salles opposent finalement une fin de non-recevoir, arguant de la « faiblesse artistique » de l'œuvre proposée. L'équipe

---

1. *La Voix du Nord* (https://www.lavoixdunord.fr/137904/article/2017-03-25/quand-les-mots-de-charb-le-redacteur-en-chef-de-charlie-hebdo-tue-en-2015), 25 mars 2017.

de *Charlie Hebdo* décide de rendre l'affaire publique et dénonce par voie de communiqué une « censure sécuritaire ». Élu de la ville d'Avignon, je me saisis de l'affaire, ulcéré que les mots de Charb ne puissent pas être lus et considérant que, dans cette affaire, il est moins question de jugements sur la valeur artistique de l'œuvre que de principes. « Le critère artistique est moins important que le critère politique », dira d'ailleurs Laurent Rochut, le patron du théâtre de l'Oulle, qui proposera d'accueillir la pièce *in extremis* dans sa salle. Alors que sa programmation est déjà bouclée, Rochut libère un créneau supplémentaire à 23 h 30 et permet à la pièce d'être jouée cinq soirs d'affilée, sous haute protection policière. Comme un pied de nez aux tenants du « risque sécuritaire », le préfet du Vaucluse, Bernard Gonzalez, se déplacera en personne pour coordonner le dispositif policier et assister à la première lecture de la pièce. Au même moment, à la Manufacture, l'un des deux théâtres ayant refusé le texte de Charb, se jouait une pièce de Mohamed Kacimi, *Moi, la mort je l'aime comme vous aimez la vie*, retraçant les dernières heures de la vie de… Mohamed Merah ! Il est des hasards qui laissent pantois…

Le même été, Stéphane Pérès Dit Pérey, adjoint au maire socialiste de Lormont (Gironde), informe Gérald Dumont que la représentation de la pièce prévue à la rentrée est déprogrammée par la municipalité[1] :

---

1. Message adressé à Gérald Dumont par l'élu le 9 août 2017.

« Le contexte général actuel nous amène à privilégier des méthodes d'éducation constructives et dans la durée, pour défendre avec conviction notre si chère laïcité. L'analyse approfondie de la représentation que tu proposes, suite à notre brève rencontre de juin, ne va pas à notre avis dans le sens d'une transmission apaisée de la laïcité. » Apaisée.

Le 31 janvier 2018, à l'université Paris-VII - Denis-Diderot, la lecture de la pièce, incertaine, est finalement jouée en présence de deux unités de CRS. Le syndicat étudiant Solidaires, soutenu par l'UNEF, avait réclamé à la présidence de l'université[1] l'interdiction de la lecture d'un texte présenté comme un brûlot destiné à « remettre en cause la lutte contre les violences islamophobes ». Le rédacteur en chef de *Charlie Hebdo*, Riss, dénoncera dans un éditorial que la pièce soit « une nouvelle fois la cible des censeurs. En 2018, ce sont des étudiants qui censurent, interdisent, bâillonnent, comme le faisait la police de De Gaulle en mai 1968, avec pour objectif de réprimer et de faire évacuer de la Sorbonne les agitateurs comme Charb ». À l'issue de la représentation et alors que les manifestants sont toujours présents devant l'université, Marika Bret est évacuée par une porte dérobée par ses officiers de sécurité.

Que de grandes associations antiracistes qui furent hier en pointe de tous les combats en faveur

---

1. Courrier adressé par Solidaires Étudiant-e-s Paris-7 le 23 janvier 2018 à Christine Clerici, présidente de l'université.

de la défense des libertés individuelles et collectives en soient réduites à se faire les relais des censeurs est proprement désolant !

Que des syndicats étudiants toujours au rendez-vous pour organiser des « ateliers non mixtes racisés » tout en se réclamant de valeurs progressistes qu'ils piétinent allégrement en appelant à la censure d'un spectacle que chacun devrait être en droit de voir, et même de critiquer, est lamentable. Si des groupuscules d'extrême droite usaient de tels procédés, ces belles âmes hurleraient au complot fasciste.

Et que dire de tous ces élus et présidents d'université qui ne voient pas à quel point l'argument sécuritaire est aussi dangereux qu'irrecevable ? Dangereux, car consentir à annuler ou à refuser la lecture d'un texte de Charb, c'est concéder une formidable victoire aux obscurantistes et aux ennemis de nos principes républicains et démocratiques. Ceux qui ont armé intellectuellement et matériellement les frères Kouachi leur ont donné pour mission de faire taire Charb à jamais. Étouffer ses mots, c'est le tuer une deuxième fois. C'est trahir ce pour quoi, par millions, nous sommes descendus dans la rue le 11 janvier 2015, à l'occasion des immenses défilés qui ont déferlé sur le pays le dimanche suivant les attentats.

Cet argument est irrecevable, car qui peut croire qu'un pays capable d'organiser, d'accueillir et de sécuriser des rassemblements sportifs, culturels ou diplomatiques d'envergure internationale serait incapable d'assurer la sécurité de cent spectateurs réunis dans une salle municipale de province ? Qui peut sincèrement le croire ? La vérité, c'est que ni les considérations sur la valeur artistique de l'œuvre, ni les arguments fallacieux sur les risques sécuritaires émanant de gens qui n'y connaissent rien ne suffiront à masquer le cœur du problème : la lâcheté !

Mais la bataille pour défendre l'œuvre de Charb et le travail de *Charlie Hebdo* ne se mène pas que dans les universités et les salles municipales. Il est arrivé ces dernières années que de violentes polémiques viennent placer le journal satirique au cœur du débat public.

À l'automne 2018, alors que les accusations de viols visant Tariq Ramadan se multiplient, le fondateur du site Mediapart, Edwy Plenel, qui n'a jamais caché ses liens avec le prédicateur suisse, affirme qu'il ignorait tout de la nature des liens entre Ramadan et les femmes[1]. Sautant sur l'occasion, *Charlie Hebdo* publie en une de son édition du 8 novembre quatre caricatures du président de Mediapart se cachant derrière sa moustache. « Affaire Ramadan, Mediapart révèle : "On ne savait pas" », titre l'hebdomadaire satirique, accusant ainsi Plenel d'avoir défendu avec beaucoup d'entrain l'islamologue proche des Frères musulmans.

Interrogé sur France Info le 8 novembre, Edwy Plenel, réagissant depuis l'étranger, accuse la une de *Charlie Hebdo* de faire « partie d'une campagne

---

1. De son côté, Tariq Ramadan conteste les accusations portées contre lui et reste présumé innocent malgré sa mise en examen.

générale de guerre aux musulmans, d'une diaboli-
sation de tout ce qui concerne l'islam et les musulmans ». Je tombe des nues. Comment Edwy Plenel
peut-il faire un raccourci aussi grossier entre les accusations lancées contre un fondamentaliste religieux
qui aurait passé toute sa vie à préconiser pudeur et
chasteté en public, tout en s'adonnant manifestement
à des pratiques à l'exact opposé en privé, et le sort
de tous les musulmans, contre lesquels « une guerre »
serait déclarée ? Mais, pire encore, comment ne pas
voir que, en lançant une accusation aussi grave qu'infondée, Edwy Plenel désigne les rescapés de *Charlie
Hebdo* comme responsables de cette guerre imaginaire, posant ainsi des cibles supplémentaires sur leur
dos ? Revenant sur cet épisode, Marika Bret contient
difficilement sa colère : « On peut tout entendre, nous
y sommes habitués. Par contre, la guerre aux musulmans, c'était l'immense saloperie de ce type qui savait
parfaitement qu'en disant cela il nous remettait une
cible sur le dos, comme l'a si bien écrit Riss dans son
éditorial. Nous ne pourrons jamais lui pardonner. Il
s'est certes excusé derrière, mais il sait très bien que
ce qui restera, ce ne sont pas les excuses, mais bien les
propos initiaux[1]. » Contacté par mail, Edwy Plenel n'a
pas souhaité répondre à mes questions et m'a simplement renvoyé à la lecture d'un article de Mediapart en
date du 19 novembre 2017. Il précise dans son message que le « prétendu » conflit avec *Charlie Hebdo*

---

1. Entretien en date du 15 juin 2019.

« n'est aucunement de (s)on fait ». On se prosterne de fascination face à tant de culot.

Plusieurs autres unes ont suscité des réactions violentes. En mars 2016, dans la foulée de l'attentat de Bruxelles, le dessin de une présente l'artiste Stromaé demandant : « Papa où t'es ? » à des bouts de bras et de jambes déchiquetés, qui lui répondaient « Ici » ou « Là ». L'émotion est d'autant plus forte, notamment en Belgique, que le père de Stromaé a trouvé la mort dans des conditions particulièrement tragiques en avril 1994, durant le conflit rwandais.

La semaine du 17 août 2017, alors qu'un attentat islamiste vient de faire quatorze victimes à Barcelone, la une de l'hebdomadaire présente deux personnes à terre et une camionnette blanche prenant la fuite. « Islam, religion de paix… éternelle », peut-on lire sur la légende accompagnant le dessin signé par le dessinateur Juin. Alors que le mois d'août est traditionnellement marqué par une trêve dans le débat public, la une enflamme les esprits. Les messages d'insultes et de menaces contre la rédaction pleuvent par centaines sur les réseaux sociaux. Alors ministre en charge de l'agriculture, Stéphane Le Foll, invité le 23 août 2017 sur le plateau de Jean-Jacques Bourdin sur RMC, y va de sa condamnation, précisant, en parlant de la une : « Je ne peux pas dire que je la partage, je la conteste même. Les amalgames sont très dangereux. Dire que l'islam est une religion de paix en sous-entendant que c'est en fait une religion de mort est extrêmement dangereux. »

L'attentat du 7 janvier 2015 n'aurait donc pas eu lieu ? Pas plus que l'extraordinaire élan de mobilisation du 11 janvier et durant les semaines qui suivirent ? Ne se serait-il donc rien passé de si grave et de si tragique pour que nous en soyons réduits à devoir réexpliquer ce qu'est le travail d'un journal satirique ? Ce que suppose la liberté d'expression ? Ce que recouvre la caricature ? Ce que permet l'irrévérence ? Ne voit-on pas le problème à ce qu'un responsable politique expérimenté, membre d'un gouvernement qui a eu en charge la gestion des conséquences de plusieurs terribles vagues d'attentats, en vienne à livrer des commentaires dignes des bataillons de trolls sous pseudo qui sévissent sur Twitter ? Comment en sommes-nous arrivés là ?

Redisons les choses simplement : être Charlie, être Toujours Charlie, ne suppose pas d'adhérer les yeux fermés et d'approuver sans broncher tout ce qui s'écrit et se dessine dans ce journal. Parce que nous sommes dans un pays libre, au nom même de la liberté d'expression, la critique de la presse est un droit fondamental et chaque citoyen peut désapprouver, critiquer, condamner ce que fait *Charlie Hebdo*. Mieux encore, au pays de la laïcité, les croyants ont le droit de trouver éditos et dessins outranciers, excessifs, vulgaires, offensants, et de faire connaître leur désapprobation ou leur colère. C'est la République qui le leur permet. Et c'est bien ainsi.

Mais ces droits reconnus aux uns ne s'imposent pas, ne priment pas sur ceux reconnus à d'autres, et notamment à cette rédaction de pouvoir faire son travail librement. De pouvoir choquer, créer le débat, heurter les sensibilités. Toujours au nom de la liberté d'expression.

Ce qui, comme élu et comme citoyen, m'a le plus marqué durant tous ces épisodes, c'est l'incroyable niveau de violence qui se déchaîne systématiquement dès lors que l'islam est moqué, alors que les dessins sur les prêtres ou les rabbins, pourtant bien plus nombreux et tout aussi corrosifs, passent la plupart du temps inaperçus. Cela dit quelque chose de l'immense travail de pédagogie qu'il nous faut mener auprès des jeunes générations d'enfants d'immigrés musulmans, qui, élevés dans l'idée d'une supériorité de leur religion sur les valeurs de la République, ne comprennent pas qu'au nom de la liberté d'expression leur prophète soit moqué et ne serait-ce même que représenté, ce qu'interdit l'islam. Je crois qu'en la matière le rôle de l'école est absolument primordial. Qu'il faudra y faire intervenir de manière beaucoup plus systématique les dessinateurs, caricaturistes, éditorialistes et journalistes pour engager le débat avec les élèves et expliquer la nature de leur travail. Leur dire et leur marteler qu'en France les lois de la République l'emportent sur toutes les autres considérations et que rien ne justifie qu'un dessin puisse valoir à son auteur d'être assassiné ou d'être placé sous protection policière. Que les propos qui fleurissent après chaque dessin ou éditorial polémique invitant « d'autres frères Kouachi à terminer le travail » sont une insulte lancée à la mémoire des disparus et que personne, un citoyen lambda pas plus qu'un ministre, ne devrait relativiser la gravité de cette situation.

Je suis persuadé que c'est par le dialogue que nous parviendrons à obtenir des résultats et je retiens de mes échanges avec Marika Bret sa conviction qu'après quelques heures passées dans les classes, une fois l'appréhension et les préjugés dépassés, des progrès notables peuvent être observés.

« Pas de limites à l'humour qui est au service de la liberté d'expression, car là où l'humour s'arrête, bien souvent la place est laissée à la censure ou à l'autocensure. Ni les religions et leurs intégristes, ni les idéologies et leurs militants, ni les bien-pensants et leurs préjugés ne doivent pouvoir entraver le droit à la caricature, fût-elle excessive », écrivait le regretté Cabu. Voilà qui résonne aujourd'hui comme une formidable invitation à poursuivre et à amplifier le plus beau des combats ; celui pour la défense de la liberté d'expression !

« Sale Juif, ta gueule » : combats pour les Juifs

Nathalie parle vite et fort. Les mots se bousculent, entrecoupés par de sonores éclats de rire, plus rarement par quelques silences laissant poindre une émotion rapidement réfrénée.

En ce mercredi de juillet 2019, installés au rez-de-chaussée d'une petite maison de Bagnolet en Seine-Saint-Denis, Nathalie et son fils David, 13 ans, me parlent d'antisémitisme, de ce poison qui s'est lentement infusé, au point de leur rendre la vie impossible.

Nathalie évoque les années 1970 et 1980, ces années paisibles durant lesquelles « Juifs et Arabes se cherchaient des points communs. Tout n'était pas parfait, mais le climat était serein et le mélange et la mixité perçus comme une chance. Malheureusement, les choses ont fini par progressivement dégénérer. »

La quinquagénaire évoque l'importation du conflit israélo-palestinien méticuleusement organisée par des élus du département. « Plutôt que de s'occuper de ce pour quoi ils ont été désignés par la population, les élus, notamment communistes, ont rapidement compris tout l'intérêt électoral qu'ils avaient à prendre position de manière caricaturale en faveur de la cause palestinienne. Les jumelages entre des villes du 93 et des villes palestiniennes ont alors explosé, en même temps que les pétitions, vœux en conseils municipaux, fêtes et subventions accordées aux associations soutenant la cause. » C'est le début des nominations de citoyens d'honneur palestiniens par des villes françaises, notamment celles d'activistes comme Salah Hamouri, Georges Ibrahim Abdallah ou Marwan Barghouti, ce dernier ayant pourtant été condamné par un tribunal militaire israélien à des peines de réclusion à perpétuité pour cinq meurtres et quarante ans d'emprisonnement pour tentative de meurtre. Plus récemment s'est aussi organisé le soutien public d'élus à des campagnes d'appels au boycott de produits israéliens (Boycott Désinvestissement Sanctions), campagnes jugées illégales à deux reprises par la justice française (par la cour d'appel de Colmar dans un arrêt en date du 27 novembre 2013, décision confirmée par la Cour de cassation le 6 novembre 2015).

« En voulant capter les voix des familles arabes des quartiers, les élus du département ont posé des cibles sur le dos des Juifs. Ils n'ont eu de cesse d'envoyer des messages désastreux aux jeunes générations », explique Nathalie[1], qui décrit en détail comment s'est installée la confusion entre Israéliens, Juifs et sionistes. « Dans

---

1. Entretien en date du 24 juillet 2019.

la tête des gamins, tout ça, c'est du pareil au même. Tu es juif, donc israélien, donc sioniste. Tout est mélangé, si bien que moi, qui n'ai ni liens ni attaches avec Israël, en suis réduite à devoir rendre des comptes sur la politique menée par le gouvernement de ce pays. J'ai parfois l'impression d'être porte-parole de Tsahal. C'est surréaliste. »

Au prétexte de l'antisionisme et de la critique de la politique menée par le gouvernement israélien, critique non seulement possible mais nécessaire tant nombre de décisions prises par Benyamin Netanyahou et les siens ont rendu tout processus de paix impossible et ont contribué à enflammer la région à de trop nombreuses reprises, c'est l'antisémitisme qui s'est vu ouvrir portes et fenêtres, s'est renforcé en charriant dans son sillage son lot de clichés détestables et de préjugés nauséabonds sur les Juifs.

Assis à la droite de sa mère, David raconte les insultes au collège. « Je ne pensais pas avoir fait une bêtise en disant en classe que j'étais juif, mais, à partir de ce jour-là, tout s'est déclenché et ça ne s'est plus arrêté. Ils me disaient que les Juifs avaient de l'argent, qu'ils tuaient les Palestiniens. Ils faisaient des quenelles et des saluts nazis lorsque je passais devant eux[1]. »

Un soir de dispute avec un camarade de classe sur une messagerie instantanée, David reçoit des insultes antisémites explicites :

« Sale Juif,

---

1. Entretien en date du 22 juillet 2019.

Ta gueule,

J'en ai rien à battre de tes morts juifs,

En espérant qu'Hitler revienne,

Et qu'il te ferme ta gueule une bonne fois pour toutes ».

La haine dans toute sa pureté !

Lorsqu'il montre à sa mère les captures d'écran de la conversation, Nathalie hésite sur la marche à suivre. « Je me suis d'abord dit que c'étaient des conneries d'adolescents, car les enfants sont impitoyables entre eux. Et en même temps, j'ai pensé qu'un gamin de 13 ou 14 ans ne pouvait pas inventer de telles horreurs de lui-même. Il a forcément entendu ces mots dans la bouche d'autres. » Nathalie se rapproche alors de la mère de l'élève concerné et reçoit une fin de non-recevoir. « La désinvolture de cette mère de famille fut plus violente encore que l'insulte elle-même. Elle m'a expliqué qu'elle n'avait pas le temps de s'en occuper et qu'après tout ce n'était pas bien dramatique. » Nathalie dépose plainte. Pour le principe. Pour marquer le coup. Dans la foulée, décision est prise de retirer David de son collège et de l'inscrire dans une école confessionnelle juive. « Ce ne sont certes que des mots échangés entre adolescents. Mais les mots sont toujours la marche qui précède les actes et les coups. Cette décision est un crève-cœur pour moi, mais la sécurité de mon fils l'emporte sur tout le reste. Et malheureusement, j'en suis arrivée à la conclusion qu'elle serait mieux assurée dans une école confessionnelle juive qu'ailleurs. »

Je demande à Nathalie si l'hypothèse de quitter Bagnolet un jour lui a déjà effleuré l'esprit. La réponse fuse telle une évidence : « Bien sûr. La question n'est même pas de savoir si je vais quitter Bagnolet un jour, mais à quel moment la situation ne sera à ce point plus supportable qu'il faudra se résigner à partir ! Je sais que ce jour viendra. Et cette question, je ne me la pose pas pour moi, mais pour mon fils. C'est pour lui que je suis inquiète et c'est son avenir que je veux préserver. »

L'exemple de Nathalie et de son fils est loin d'être un cas isolé. De plus en plus de familles juives confrontées à la recrudescence des propos et actes antisémites sont contraintes de scolariser leurs enfants dans des écoles confessionnelles juives et de déménager pour s'installer dans des secteurs réputés plus sûrs, comme Saint-Mandé dans le Val-de-Marne ou le 17e arrondissement de Paris. Même Sarcelles, dans le Val-d'Oise, pourtant longtemps surnommée la « petite Jérusalem » en raison de la présence historique d'une importante communauté juive dans la ville, n'est plus un lieu sûr. Le 20 juillet 2014, une manifestation interdite en soutien à la cause palestinienne dégénère dans les rues de la ville : jets de projectiles sur les forces de l'ordre, véhicules incendiés, quelques magasins, dont une pharmacie, sont pillés et incendiés. Le 29 janvier 2018, un garçon de 8 ans portant une kippa est agressé par deux jeunes hommes d'une quinzaine d'années. Le parquet de Pontoise retient le mobile antisémite. L'émotion est intense dans une ville qui se pensait à l'abri de ce genre d'agressions.

Dans *L'An prochain à Jérusalem*, le directeur du département opinion de l'IFOP, Jérôme Fourquet, et le géographe Sylvain Manternach expliquent que le nombre de familles de confession juive est passé depuis le début des années 2000 de 600 à 100 à Aulnay-sous-Bois, de 300 à 100 au Blanc-Mesnil, de 400 à 80 à Clichy-sous-Bois et de 300 à 80 à La Courneuve. En France, alors qu'ils représentent à peine moins de 1 % de la population (soit environ 500 000 personnes), nos compatriotes de confession juive sont les cibles de plus d'un acte raciste sur trois.

Et lorsque les injures, les regards déplacés, les quenelles et les portes d'appartement taguées de croix gammées ne suffisent plus, leur succèdent coups, séquestrations et meurtres.

Le 20 janvier 2006, alors qu'il rejoignait en voiture une jeune femme rencontrée une semaine plus tôt, un jeune Juif de 24 ans est séquestré et torturé pendant trois semaines par un gang dans une cité HLM de Bagneux, dans les Hauts-de-Seine. L'objectif ? Extorquer de l'argent à la famille de la victime, « supposée riche car juive ». Le corps d'Ilan Halimi sera retrouvé agonisant le 13 février 2006 le long des voies ferrées du RER C à Sainte-Geneviève-des-Bois dans le département de l'Essonne. Il rendra son dernier souffle peu de temps après son transfert à l'hôpital.

Le 19 mars 2012, un homme casqué gare son scooter devant l'école juive Otzar Hatorah, située dans un quartier résidentiel de Toulouse. Armé d'un pistolet-mitrailleur, il ouvre le feu sur un groupe de personnes rassemblées devant l'établissement. Mohamed Merah vient d'assassiner Myriam Monsonégo (8 ans), Gabriel et Aryeh Sandler (respectivement 3 et 6 ans) et leur père, professeur dans l'établissement, Jonathan Sandler (30 ans).

Le 9 janvier 2015, deux jours après l'attentat de *Charlie Hebdo*, quatre hommes sont tués par Amedy Coulibaly à l'Hyper Cacher de la porte de Vincennes à Paris. Ils s'appelaient Yohan Cohen (20 ans), Yoav Hattab (21 ans), Philippe Braham (45 ans) et François-Michel Saada (64 ans).

Le 4 avril 2017, une juive de 65 ans, Sarah Halimi, est séquestrée, torturée et défenestrée aux cris d'« Allah akbar » par l'un de ses voisins, dans le 11e arrondissement de Paris.

Le 23 mars 2018, moins d'un an après le meurtre de Sarah Halimi, Mireille Knoll, 85 ans et rescapée de la Shoah, est poignardée de onze coups de couteau, toujours à Paris. Deux suspects sont mis en examen pour meurtre à caractère antisémite dans les jours qui suivent.

Au total, depuis mars 2012, ce sont onze de nos compatriotes qui ont été assassinés dans notre pays, parce que juifs. Qui aurait pu imaginer qu'en France, plus de soixante-dix ans après la Shoah, des hommes, des femmes et des enfants seraient assassinés parce que juifs, au nom de cette lèpre de la pensée qu'est l'antisémitisme ? Je l'affirme : c'est pour nous une défaite collective sans précédent. Plus qu'une défaite même, c'est une honte absolue pour notre pays que de n'avoir pas su protéger les Juifs de France face à ce terrible fléau, au point que certains en soient réduits à plier bagage et à rejoindre Israël.

Le martyre d'Ilan Halimi aurait dû révulser la nation tout entière. Sa mort, fruit d'un crime antisémite caractérisé par la résurgence des pires préjugés à l'égard des Juifs, n'a pas soulevé le cœur du pays qui semblait être redevenu insensible à cette question. En 1990, après la profanation du cimetière juif de Carpentras, alors – et je mets d'immenses guillemets – qu'il ne s'agissait « que de personnes déjà mortes », la France est descendue dans la rue et, fait exceptionnel depuis le général de Gaulle descendant les Champs-Élysées à la Libération, le chef de l'État de l'époque, François Mitterrand, était en tête de cortège. Pour Ilan Halimi, la France n'a pas battu le pavé. Pas plus que pour les morts de Toulouse. Et il y a fort à parier que le dimanche 11 janvier 2015 aurait été un dimanche comme les autres si le terrorisme avait seulement visé l'Hyper Cacher de Vincennes. François Hollande n'aurait sans doute pas renouvelé le geste de son prédécesseur s'il n'y avait pas eu *Charlie Hebdo*.

La passivité face à la contestation de l'enseignement de l'Holocauste dans les classes, les « morts aux Juifs » lancés dans les rues de Paris lors de manifestations de soutien à la cause palestinienne, les vociférations tapageuses et antisémites d'un humoriste qui ne fait plus rire que des cerveaux malades, le clientélisme gras d'élus davantage préoccupés par leur réélection que par le sort des Palestiniens, le soutien apporté aux appels

au boycott de produits israéliens, le traitement caricatural du conflit israélo-palestinien dans une partie de
la presse : tout se tient et tout cela a contribué à faire
dégénérer la situation !

Combattre l'antisémitisme suppose de commencer
par rappeler un principe, puis poser des mots clairs
pour définir la nature du problème.

Le principe, c'est que la lutte contre l'antisémitisme n'est pas que l'affaire des Juifs. Elle est celle
de la communauté nationale tout entière. Combien
de fois avons-nous entendu nos élus se lamenter sur
le sort des « Juifs de France », comme s'il s'agissait de
résidents étrangers à qui l'on devait protection consu-
laire ? Combien de fois avons-nous vu ces scènes où,
après chaque agression antisémite, le maire, le député
ou le ministre réunit sur son perron le rabbin, l'imam,
l'évêque pour un moment d'œcuménisme censé gué-
rir notre pays de la haine des Juifs ? Combien de fois
avons-nous espéré entendre nos représentants parler à la Nation de l'antisémitisme alors qu'en réalité
ils ne s'adressaient qu'à une seule communauté ? Le
remède a été pire que le poison, car à force d'expliquer à nos compatriotes que l'antisémitisme était une
affaire de religion, de communauté, ou même de politique étrangère à cause de l'importation du conflit
israélo-palestinien, on a en réalité expliqué à la très
grande majorité de nos concitoyens, qui ne sont ni
juifs, ni croyants, ni ne s'intéressent à la situation du
Moyen-Orient, que tout cela ne les concernait pas. Et
en définitive, ils ne se sont plus sentis concernés. En

réduisant une question universelle à celle d'une communauté, en rabattant la haine envers les Juifs sur les Juifs eux-mêmes, certains de nos dirigeants ont progressivement réduit le nombre de ceux qui auraient eu intérêt à agir pour la combattre. Rappelons donc que s'en prendre à un Juif de France, c'est s'en prendre à la France, à son histoire, à ses valeurs et à ce qu'elle incarne aux yeux des peuples du monde ! Ne cessons jamais de le clamer !

La clarté nous oblige ensuite à reconnaître qu'au vieil antisémitisme historique d'extrême droite remontant du fond des siècles s'est agrégé ces dernières années dans notre pays un antisémitisme arabo-musulman venu des banlieues et de nos quartiers populaires. Sur fond de détestation de l'État d'Israël, des dizaines de milliers de jeunes Français issus de l'immigration ont grandi en entendant le mot « el yahoudi », signifiant le Juif en arabe, être utilisé comme la plus offensante des injures. Ils ont grandi bercés par la propagande grossière des grandes chaînes de télévision arabes, notamment Al-Jazeera, dont le traitement manichéen du conflit israélo-palestinien se résume à faire systématiquement passer les premiers pour des bourreaux et les seconds pour des victimes, piétinant allégrement la déontologie journalistique la plus élémentaire et se souciant fort peu de la complexité de la situation sur place.

Sur fond de misère sociale, de ghettoïsation, de sentiment d'être abandonnés par la République, ne voyant jamais se concrétiser la promesse d'égalité des chances ânonnée tel un disque rayé par les politiques depuis des décennies, des milliers de jeunes de nos quartiers ont laissé se développer en eux une haine de la France et, à travers elle, une haine des Juifs, perçus comme privilégiés, mieux traités, plus protégés. Contrairement à eux. Ce sentiment du « deux poids deux mesures », je le vis au quotidien dans mon rôle d'élu. Combien de fois ai-je entendu des adolescents, parfois à peine sortis de l'enfance, me demander pourquoi *Charlie Hebdo* aurait le droit de se moquer des musulmans, alors que Dieudonné, lui, n'a pas le droit de se moquer des Juifs ? Il faut alors expliquer, décortiquer, prendre le temps de la pédagogie. Tenter de convaincre que la liberté d'expression d'un côté ne saurait être placée au même niveau que l'appel et l'incitation à la haine raciale de l'autre…

Cet antisémitisme s'étale aussi sur les réseaux sociaux, encouragé et servi par l'impunité généralisée accordée par Facebook et Twitter, qui sont bien plus alertes pour censurer la photo d'une toile montrant un bout de sein que pour mener une lutte efficace contre les propos haineux en ligne.

C'est également à l'école qu'il se déploie, soit à travers le refus de suivre les cours consacrés à la Shoah, soit à travers des propos et actes commis à l'encontre des élèves juifs. Lorsqu'il en reste…

Si la solution miracle pour enrayer l'antisémitisme existait, d'autres l'auraient sans doute trouvée avant moi. Mais je crois que, sur ce sujet comme sur d'autres, une volonté politique forte peut faire bouger les lignes. Je note, d'ailleurs, que lorsque sous le quinquennat précédent, sous l'impulsion de Manuel Valls et Bernard Cazeneuve notamment, des moyens publics importants ont été engagés, l'antisémitisme, qui remonte aujourd'hui, avait reculé dans notre pays…

Il faut mener un combat énergique et de chaque instant contre tous les élus qui persistent à vouloir organiser l'importation du conflit israélo-palestinien en France sans voir – ou en feignant de ne pas voir, plutôt – les conséquences désastreuses que leurs postures électoralistes racoleuses engendrent. Je propose que les préfets attaquent systématiquement toutes les délibérations portant sur le conflit israélo-palestinien proposées au vote des collectivités territoriales, délibérations qui sont contraires à l'intérêt local à agir, principe selon lequel une collectivité ne peut délibérer que sur des sujets liés à sa compétence territoriale. Cela s'est d'ailleurs déjà produit lorsqu'à l'été 2016 le préfet de Meurthe-et-Moselle, Éric Freysselinard, a attaqué la délibération de la commune de Vandœuvre proposant de nommer Marwan Barghouti citoyen d'honneur de la ville. Le tribunal administratif de Nancy a donné raison au représentant de l'État au motif que la délibération n'était « pas justifiée par un intérêt local » et qu'elle était, de plus, « susceptible de porter atteinte à l'ordre public ». Lorsque je vois dans quel état se trouvent un certain nombre de villes de banlieue parisienne notamment, je ne peux m'empêcher de penser que tous ces élus feraient mieux de commencer par s'occuper de ce pour quoi ils ont été élus plutôt que de jouer aux apprentis diplomates pour se mettre un électorat dans la poche...

L'offensive doit aussi être menée à l'école, car c'est là que l'essentiel se joue et c'est à elle d'assumer pleinement son rôle de rempart républicain. Personne ne naît antisémite. Ceux qui le sont devenus, dans nos quartiers notamment, ont été assommés dès le plus jeune âge par les clichés et les préjugés antisémites. Comment en vouloir à un enfant de 11 ou 12 ans qui répète que les Juifs contrôlent le monde, ont de l'argent, trustent les postes à responsabilités dans les médias ou la finance, ou qu'ils détestent les Arabes, lorsqu'il ne fait que répéter ce qu'il a entendu en boucle à la maison ou au pied de sa barre d'immeuble ? En revanche, notre responsabilité, et celle de l'école en premier lieu, est de déconstruire ces clichés et d'ouvrir le dialogue. Le dialogue d'un côté et la fermeté de l'autre. Je ne peux tolérer que des familles juives confrontées à des cas d'antisémitisme dans les écoles de leurs enfants se retrouvent face à des équipes pédagogiques plus soucieuses de ne « pas faire de vagues » que de prendre les problèmes à bras-le-corps. En février 2019, le ministre de l'Éducation nationale, Jean-Michel Blanquer, a adressé une lettre à tous les personnels du ministère pour les inciter à la plus grande intransigeance en la matière et à se saisir des outils mis à leur disposition, notamment une plate-forme, pour faire remonter tout acte antisémite ou raciste avec, en théorie, une réponse dans les vingt-quatre heures, mais également des guides sur l'antisémitisme avec des cas concrets pour aider les professeurs. Cela va dans le bon sens, mais ce n'est pas suffisant. Ce que demandent unanimement les professeurs, au-delà d'une formation spécifique, c'est de pouvoir disposer de plus de temps pour traiter ces questions. Et raconter l'histoire des Juifs. « C'est quand même très compliqué de commencer un cours sur la Shoah sans expliquer qui sont les Juifs à des gamins qui, pour beaucoup, n'en ont jamais rencontré un seul de leur vie, m'explique Karim, professeur dans un collège de Mulhouse. Et bien sûr, lorsque je leur demande qui sont les Juifs, c'est une avalanche de clichés qui me fait face. C'est là que je prends le temps de leur expliquer l'Histoire, en insistant notamment sur les liens historiques entre juifs et musulmans, la présence des Juifs dans les pays arabes, le fait qu'au Maroc certains quartiers juifs étaient situés à proximité des palais royaux pour bénéficier de la protection du souverain, comme le Mellah à Fès, la richesse des interactions culturelles, musicales, linguistiques… Bref, des choses qu'ils ignorent souvent totalement. Pour eux, le Juif, c'est un soldat israélien qui fait du mal aux Palestiniens. Point. » À Lyon, l'une de ses collègues abonde dans le même sens : « Nous avons besoin de temps. On ne peut pas demander à l'école de faire le job et d'essayer d'arracher les gamins à leurs préjugés, et en même temps réduire les heures et les moyens. Si mobilisation nationale il doit y avoir, et elle est nécessaire, alors il faut mettre le paquet. »

Quant aux cas les plus graves ou face à des récidivistes, lorsque la pédagogie ne suffit manifestement plus, c'est la fermeté qui doit s'appliquer, en convoquant les élèves devant les conseils de discipline à chaque fois que cela est nécessaire.

Ne rien laisser passer. Jamais! Au nom d'une certaine idée de la Nation. Et de la place qu'y occupent nos compatriotes de confession juive!

Cologne, la Chapelle, Saint-Denis :
combats pour les femmes

Être traitée de raciste, c'est précisément ce que ne supporte plus Patricia. Cette sexagénaire franco-américaine ayant gardé un accent prononcé du pays de l'oncle Sam parle avec beaucoup de passion de son quartier de la Chapelle-Pajol, dans le nord-est de Paris. Née à Neuilly-sur-Seine d'une mère française et d'un père américain, Patricia quitte la France à l'âge d'un an, direction l'Oklahoma. Se décrivant comme une femme de gauche, athée mais respectueuse des religions « tant qu'elles ne deviennent pas politiques », Patricia évoque son adolescence au milieu des bikers et de la culture cherokee, du nom de cette confédération indienne du sud-est des États-Unis d'où sa famille tient ses racines. Lassée par les allers-retours incessants entre les deux pays, elle décide de poser définitivement ses valises en France il y a une quinzaine d'années et découvre alors le quartier de la Chapelle-Pajol : « Sans parler d'un esprit de village, car nous sommes quand même en plein Paris, il y a ici une solidarité entre voisins qui fait naître un lien de fraternité auquel je tiens beaucoup. Et avoir ce bassin de la Villette au pied de sa maison, c'est quand même formidable. » C'est d'ailleurs là, autour de ce bassin, plus grand plan d'eau artificiel de Paris, que nous nous retrouvons pour échanger autour d'un verre en ce jour de canicule. Quand, au beau milieu du brouhaha des enfants slalomant entre les animations de Paris Plages, surgit un hurlement. En guenilles, le teint blafard et les yeux fous, un homme se vautre sur deux jeunes femmes installées en terrasse. Patricia ne bronche pas. Pas plus que les serveurs du Corso Quai de Seine, qui poursuivent leur service en proposant aux deux jeunes femmes de changer de table. « On a l'habitude ici », me dit Patricia, froidement[1]. « Ce sont les gars de la colline du crack. Quand ils n'ont plus assez d'argent pour acheter leurs doses, ils viennent faire la manche auprès des clients et des riverains. » À quelques dizaines de mètres de l'endroit où nous nous trouvons, un terre-plein coincé entre le périphérique et l'autoroute A1 est devenu le repaire des consommateurs de crack parisiens. Un supermarché de la drogue à ciel ouvert. Une seule dose de crack, le « caillou », ce dérivé de cocaïne mélangé à du bicarbonate de sodium ou à de l'ammoniaque, suffit à installer une addiction terrible. La sensation de manque est telle que tous les moyens pour la pallier et trouver de l'argent sont bons. « C'est devenu un enfer. La nuit, des dizaines de personnes

---

1. Entretien en date du 9 juillet 2019.

totalement perchées errent dans les rues à la recherche d'argent ou d'un coin pour se piquer. D'autres urinent et défèquent aux portes de nos immeubles. Nous n'osons plus sortir de chez nous. Et désormais, même en journée, nous avons droit aux agressions, insultes et menaces si nous ne donnons pas une petite pièce », explique Patricia. Au début des années 2010, à ces bataillons de zombies en errance sont venus s'ajouter les migrants arrivés via la mer Méditerranée et les Balkans depuis l'Afrique, le Moyen-Orient et l'Asie du Sud. Puis les réfugiés de la guerre civile syrienne en 2015. « L'arrivée des Syriens m'a bouleversée », se remémore Patricia. Avec quelques voisins, elle décide de leur venir en aide : « Ce n'était pas grand-chose, mais nous collections des couvertures, des habits, des jouets pour les enfants. L'hiver, nous organisions des distributions de café. Nous étions très marqués par ce qu'ils venaient de vivre. »

Pourtant, au fil des mois, l'ambiance se dégrade dans le quartier. « Assez rapidement, on a vu l'espace public, certaines rues du quartier, les accès à la station de métro la Chapelle être investis par des groupes d'hommes. Pas ou très peu de femmes ou d'enfants, mais de jeunes hommes, sortant de l'adolescence ou trentenaires pour l'essentiel et formant des groupes compacts », décrit Patricia.

Migrants, dealers, consommateurs de crack, passeurs et vendeurs à la sauvette se mêlent, s'installent et investissent l'espace public qui devient alors de plus en plus anxiogène pour les femmes, sur fond d'alcoolisme et de bagarres de rue. Puis arrivent les premières insultes, les crachats, les vols à la tire. Auxquels succèdent rapidement les agressions sexuelles à répétition. Un soir de l'hiver 2017, alors qu'elle emprunte l'escalier de sortie du métro la Chapelle pour rejoindre son domicile, Patricia est coincée par un groupe de jeunes hommes. L'un d'eux glisse sa main entre ses jambes. Hébétée, elle court se réfugier chez elle et ne songe même pas à déposer plainte. « J'ai mis du temps à poser les mots sur ce qui m'est arrivé. Reconnaître que "oui, tu as été victime d'une agression sexuelle, un homme qui n'y était pas autorisé a posé sa main sur ton intimité" n'était pas naturel. Ça a cheminé un moment », se souvient-elle, émue. Les femmes du quartier prennent alors conscience du problème et commencent par adopter une stratégie d'évitement, contournant certains secteurs, prenant des détours pour emprunter des itinéraires un peu plus préservés, évitant les tenues vestimentaires trop « osées ». Femmes et enfants désertent le square Louise-de-Marillac, progressivement et massivement occupé par des groupes d'hommes. « C'était inouï. En France, au XXIᵉ siècle, nous, femmes, devions nous cacher et prendre nos précautions pour éviter d'être agressées. Comment l'accepter ? » dit Patricia avec une colère que l'on sent intacte.

Au printemps 2017, les riverains du quartier, femmes et hommes, décident de s'organiser. Deux associations prennent la tête de la mobilisation : le collectif SOS la Chapelle et l'association Demain la Chapelle.

Une lettre ouverte est adressée aux autorités (préfet de police, maire de Paris, élus locaux, parlementaires). Une pétition intitulée « Les femmes, une espèce en voie de disparition au cœur de Paris » est lancée sur Internet. Elle recueille 20 000 signatures. Le 18 mai 2017, un article signé par la journaliste Cécile Beaulieu donnant la parole aux habitantes est publié dans *Le Parisien*. Nathalie, 50 ans, y décrit « un climat inédit. Ce sont des injures, des réflexions incessantes. L'ambiance est angoissante, au point de devoir modifier notre itinéraire, notre tenue vestimentaire. Certaines ont même renoncé à sortir de chez elles ». Aurélie, une jeune femme de 38 ans, ajoute : « Le simple fait de circuler est devenu problématique. Le café, en bas de chez moi, un bistrot autrefois sympa, s'est transformé en repaire exclusivement masculin et en permanence bondé : j'ai droit à mon lot de remarques lorsque je passe devant, d'autant plus qu'ils boivent énormément. Il y a quelques jours, le simple fait de me mettre à ma fenêtre a déclenché un flot d'injures et j'ai dû m'enfermer dans mon appartement. Il y a quelque temps encore, j'empruntais le boulevard de la Chapelle depuis Stalingrad, même tard le soir… C'est impensable aujourd'hui. » Le cas d'une vieille dame de 80 ans, agressée sexuellement alors qu'elle rentrait chez elle et qui vit retranchée dans son appartement depuis, y est également rapporté. L'article est très massivement partagé sur les réseaux sociaux et fait éclater « l'affaire des femmes de la Chapelle » au grand jour. Dès le lendemain, le 19 mai 2017, la présidente de la région Île-de-France, Valérie Pécresse, se rend sur place flanquée de la candidate LR aux législatives dans la circonscription, la médiatique Babette de Rozières, et l'élu d'arrondissement Pierre Liscia, promettant aux habitants de « nettoyer le quartier ». Patricia se remémore ce moment : « Je ne connaissais ni Valérie Pécresse ni Babette de Rozières, mais lorsque j'ai vu les voitures de police et les caméras, je me suis avancée pour faire part de ma colère. » Les accusations de récupération politique commencent à pleuvoir sur les réseaux sociaux. Du côté de la ville de Paris, le maire socialiste du 18e arrondissement, Éric Lejoindre, manifestement gêné aux entournures, entame une tournée médiatique pour reconnaître qu'il y a bien un problème de « surpopulation masculine du quartier », mais qu'il convient de le relativiser. « Est-ce que le quartier est interdit aux femmes, comme j'ai pu le lire ? Je ne partage pas cet avis », ajoute-t-il. Éric Lejoindre joue sur les mots et le sait pertinemment, car si dans les faits aucune rue du quartier n'est effectivement interdite aux femmes de manière formelle, les groupes d'hommes qui se forment les dissuadent de passer par certains endroits. C'est insidieux et c'est encore plus grave. L'extrême droite, trop heureuse de pouvoir cracher sa haine des migrants, se déchaîne et se découvre des accents féministes qui avaient échappé à l'attention générale jusqu'alors. Les images de Jean-Marie Le Pen balançant ses poings contre le visage de la maire de Mantes-la-Ville, Annette Peulvast-Bergeal, en 1997, ou les propos de Marion Maréchal annonçant son intention de supprimer les subventions aux associations défendant l'IVG, dont les plannings familiaux, en cas de victoire aux élections régionales de décembre 2015 en Provence-Alpes-Côte d'Azur, étaient davantage restés dans les mémoires.

La toute nouvelle secrétaire d'État en charge de l'égalité entre les femmes et les hommes et de la lutte contre les discriminations, Marlène Schiappa, sans doute animée par la volonté de marquer les esprits sur un sujet sensible, commet une maladresse. Le 12 juin, sur son compte Twitter, son équipe publie une série de clichés la montrant se promenant de nuit, seule, dans les rues du quartier. « Les lois de la République protègent les femmes, elles s'appliquent à toute heure et en tout lieu », précise le texte qui accompagne les photos. Face au tollé provoqué par la mise en scène d'une ministre dont chacun devine qu'elle est accompagnée sur place par un ou plusieurs officiers de sécurité, en plus de membres de son équipe, et qu'elle ne peut donc décemment pas se comparer aux habitantes du quartier, le post est supprimé, le ministère reconnaissant « un bug communicationnel ».

Au sein d'une partie de la gauche, face à ces révélations, la petite et désormais traditionnelle musique du déni et du relativisme s'installe progressivement et avec elle l'idée que les témoignages recueillis par *Le Parisien* seraient, au mieux exagérés, au pire montés de toutes pièces par la droite et l'extrême droite pour stigmatiser les migrants à l'approche des élections législatives. Candidate de La France insoumise et future députée de la circonscription, Danièle Obono s'exprime dans un billet de blog posté sur Mediapart : « Le harcèlement et les agressions sexistes sont présents partout, des grandes villes aux zones rurales en passant par l'Assemblée nationale », écrit-elle. Pour atténuer le mal pointé ici, on se laisse convaincre que le monde entier en est victime et le mal est tout de suite beaucoup plus supportable! « Le harcèlement de rue, dans ce quartier, comme en témoignent riverain.e.s et militant.e.s d'associations, c'est aussi celui de la police envers ces personnes étrangères, démunies de tout », poursuit-elle dans une charge lancée contre les policiers, dont on comprend mal ce qu'elle vient faire dans cette affaire. Fondatrice de l'association Osez le féminisme, Caroline de Haas fait quant à elle sensation en suggérant, comme réponse au harcèlement de rue, d'« élargir les trottoirs ». « Dans tous les quartiers où il y a un problème d'espace, où il y a une concentration de personnes qui restent à la même place toute la journée, il y a des violences à l'encontre des femmes. On pourrait élargir les trottoirs pour qu'il y ait plus de place et qu'il n'y ait pas de cohue dans ces endroits-là », explique-t-elle dans un entretien mémorable sur France Info.

La presse n'est pas en reste. Dans une « contre-enquête » publiée par le Bondy Blog, Nassira El Moaddem dénonce une « instrumentalisation politique », quand *Libération*, sous la plume de Sylvain Mouillard, se demande si ce ras-le-bol n'est pas « un peu caricatural » et donne la parole à Fanny, habitante du quartier, qui explique n'avoir « jamais été embêtée », et Jean-Raphaël, qui ajoute que le harcèlement de rue est « également le fait d'hommes blancs et français ». L'honneur est sauf!

Mais la réaction la plus saugrenue ne viendra ni des responsables politiques, ni de la presse, mais du mouvement féministe, qui, une fois n'est pas coutume, va se diviser sur l'attitude à adopter face aux plaintes de ces femmes. En marge du déplacement de Valérie Pécresse dans le quartier, des militantes féministes se rassemblent derrière une banderole pour dénoncer une manipulation raciste. « Tout ça est une manipulation raciste d'associations qui ont tout fait pour expulser les migrants ces derniers mois », explique une manifestante au journaliste du *Figaro* dépêché sur place. « Alors que nous étions avec Pécresse pour lui expliquer ce qui n'allait pas, des militantes féministes manifestaient à quelques mètres de nous en nous traitant de racistes », se rappelle Patricia. « C'est, durant toute cette période, ce qui restera comme la plus grande blessure me concernant. Je me suis battue toute ma vie contre le racisme, j'ai signé des pétitions par dizaines sur le sujet, j'ai distribué des tracts contre l'esclavagisme en Libye, je suis venue en aide aux migrants, et des idiotes venues des beaux quartiers de Paris m'expliquent que je suis raciste parce que je dénonce le comportement de gens ayant une autre culture? Mais c'est délirant! Si mes agresseurs étaient une bande de jeunes cathos versaillais, des amateurs de motos ou des joueurs de pétanque, ça n'aurait rien changé à l'affaire! » se souvient-elle.

La priorité mise sur la dénonciation du racisme avant la protection des femmes s'exprime ici de la plus éclatante des manières. Invitée à livrer sa réaction sur l'affaire dans un entretien accordé à l'hebdomadaire *Le Point*, la philosophe Élisabeth Badinter dénonce « un automatisme tendant à minimiser la parole de femmes qui protestent », ajoutant : « Je suis choquée que […] la réalité soit niée au prétexte de racisme ou d'islamophobie. »

Au prétexte qu'il ne faut pas stigmatiser davantage des personnes potentiellement exposées au racisme et à la xénophobie, le coupable devient victime et la victime – la vraie – est au mieux ignorée, au pire accusée de manipulations, de mensonges ou d'en avoir « trop fait » comme nous venons de le voir. Les circonlocutions, hésitations, précautions sémantiques et oratoires ampoulées, sur fond de « pas d'amalgames » et de « oui, mais… » deviennent alors la règle dans un insupportable renversement de situation.

À l'inverse, si une agression ou une atteinte au droit des femmes à disposer de leur corps provient de milieux catholiques conservateurs, la condamnation de ces féministes sera, à juste titre d'ailleurs, immédiate et sans réserves. Mais considérer qu'un agresseur arabe ou musulman devrait bénéficier, au nom de sa religion ou de son origine, et donc de son éternel statut d'opprimé et de victime, d'une forme de clémence n'est pas faire œuvre de bons sentiments ; ça s'appelle au mieux du paternalisme, au pire du racisme ! Et c'est abject !

En la matière, l'épisode des agressions sexuelles de Cologne en Allemagne en a offert un exemple particulièrement éclairant.

Le 31 décembre 2015, sur la place publique séparant la gare centrale et la cathédrale de la ville, des milliers d'Allemands sont rassemblés pour fêter, comme aux quatre coins de la planète, le passage à la nouvelle année. Durant la soirée, des centaines de viols, d'agressions sexuelles collectives, de vols et de braquages sont dirigés contre les femmes présentes. Des faits similaires sont rapportés dans d'autres villes allemandes comme Hambourg, Stuttgart, Bielefeld et Düsseldorf, comme d'ailleurs en Finlande, en Suède, en Suisse et en Autriche, mais ils sont sans commune mesure avec l'ampleur sidérante des attaques recensées à Cologne et ces chiffres qui donnent le tournis : 1 500 agresseurs supposés, plus de 1 200 victimes, près de 1 100 plaintes déposées. L'événement est sans précédent dans l'histoire du pays. Les assaillants, chauffés par l'alcool, ont agi par groupes de 2 à 30 hommes, dépouillant les victimes préalablement isolées de leurs groupes d'amis ou de leurs familles, avant de les agresser sexuellement. Le profil des agresseurs décrit par les victimes comme par les autorités locales ne laisse guère de place au doute : ce sont des migrants et des immigrés en situation irrégulière qui se sont livrés à ces exactions, des profils « d'apparence arabe ou nord-africaine » selon les termes du chef de la police locale de Cologne, Wolfgang Albers.

L'incroyable gravité de ces agressions aurait dû, en toute logique, provoquer une vague d'indignation immédiate et unanime. L'événement va pourtant se transformer en gigantesque polémique qui va très largement dépasser les frontières de notre voisin outre-Rhin.

C'est d'abord le silence des médias allemands qui est pointé du doigt. Dans les heures et jours qui suivent ce cauchemardesque réveillon, aucun grand titre de presse nationale ne traitera l'information. Il faudra attendre le 5 janvier pour que la ZDF, deuxième chaîne de télévision publique du pays, s'empare du sujet en commençant par présenter ses excuses aux téléspectateurs pour une « erreur manifeste d'appréciation », avant d'être suivie par l'ensemble de la presse allemande dans la journée. En France, c'est le 6 janvier, soit six jours après les faits, que les premiers titres de presse commencent à rapporter les faits.

C'est ensuite la réaction de la maire de Cologne, Henriette Reker, qui provoquera l'indignation. Participant à une conférence de presse consacrée aux événements, l'édile de la quatrième ville allemande suggérera aux femmes de garder une distance « d'une longueur de bras avec les inconnus pour éviter les problèmes ». Le #eineArmlänge, littéralement « à un bras de distance », sera l'un des hashtags les plus discutés sur Twitter dans la nuit du 5 au 6 janvier 2016 en Allemagne, donnant lieu à un déferlement de commentaires outrés face à cette réaction qui n'était pas loin de laisser penser que ces centaines de malheureuses s'étaient montrées imprudentes en s'approchant trop près de leurs agresseurs…

Tentant de justifier leur manque de réactivité, certains journalistes affirmeront que l'information n'était pas remontée jusqu'à eux, s'appuyant notamment sur le témoignage d'un fonctionnaire de police qui déclarera dans le journal *Bild* que les autorités policières avaient reçu des « instructions strictes de leur hiérarchie de ne pas signaler aux journalistes les infractions commises par les réfugiés ». Pourtant, sur les réseaux sociaux que fréquentent désormais assidûment tous les journalistes de la planète, dès le 1er janvier ont commencé à fleurir les premiers témoignages des victimes…

La réalité, c'est que tant du côté des journalistes que d'une partie des autorités, c'est le profil des agresseurs et le souhait – sans doute sincère chez certains – de ne pas stigmatiser qui a conduit à ces pudeurs et ces prudences dans un pays encore bousculé par la décision de la chancelière Angela Merkel d'accueillir des centaines de milliers de migrants.

Le mouvement féministe allemand restera longtemps marqué par les divisions entre ceux dont la condamnation fut claire et sans détour et qui se sont d'abord souciés du sort des victimes et ceux qui se sont évertués à expliquer que si ces événements étaient certes graves, ils ne devaient pas donner lieu à la stigmatisation ou à l'amalgame, qu'il convenait de « dénoncer toutes les violences faites aux femmes, pas seulement celles de Cologne », certaines allant jusqu'à rappeler que la fête de la bière de Munich donne lieu chaque année à son lot d'agressions sexuelles, sous-entendant que de gros beaufs allemands, blancs, blonds, aux yeux bleus et assommés par l'alcool, pouvaient eux aussi se comporter comme d'ignobles porcs, ce dont personne ne doutait.

Certaines figures féministes françaises n'ont pas hésité à entrer dans la danse après plusieurs jours de silence, la palme de l'indécence revenant à l'élue de Sevran Clémentine Autain, qui partagera cette fulgurance sur Twitter : « Entre avril et septembre 1945, deux millions d'Allemandes violées par des soldats. La faute à l'islam ? » Caroline de Haas ajoutant : « Allez déverser votre merde raciste ailleurs », à ceux qui osaient évoquer le profil des agresseurs.

Mais comment accepter que des féministes, davantage préoccupées par le racisme que par le harcèlement, les mêmes qui hurlent au scandale face à une pub pour de la lingerie mais applaudissent à tout rompre des islamistes qui veulent se baigner en burkini, en soient réduites, face à une affaire de viols massifs, à trouver des circonstances atténuantes, à relativiser, à minimiser, en laissant sous-entendre qu'en pareille circonstance le sort des bourreaux mérite autant d'attention que celui des victimes ? Que d'autres, ailleurs, se livrant ou s'étant livrés par le passé à des exactions similaires justifierait le fait que l'on n'accable pas trop ceux qui s'y livrent ici, aujourd'hui ? Bien sûr, tous les réfugiés ne violent pas. Bien sûr, tous les violeurs ne sont pas réfugiés. Bien sûr, se soucier du refus de l'amalgame est une noble préoccupation. Mais, face à des femmes victimes de viol, se tenir à leurs côtés et s'inquiéter de leur sort est la seule attitude digne d'être tenue.

C'est, une fois de plus, Élisabeth Badinter qui posera les mots les plus lucides sur la situation, dans un entretien donné au magazine *Marianne* : « Toutes celles qui ont mis la priorité sur la dénonciation du racisme avant la protection des femmes ont fait exactement la même erreur que la maire de Cologne. Et j'en suis d'autant plus surprise que le féminisme, depuis une dizaine d'années, a pour principal objet, pour leitmotiv même, la lutte contre les violences faites aux femmes, ici, en France. Ce que cette affaire de Cologne a démontré, c'est que lorsque ce sont des étrangers qui sont en cause, alors les priorités changent. […] C'est stupéfiant ! » conclut la philosophe.

Ce relativisme culturel et cette obsession à ne pas vouloir poser les mots justes sur les situations ne rendent service ni au féminisme, ni aux musulmans, perçus comme d'éternelles victimes, et encore moins aux femmes de culture ou de religion musulmane qui se battent contre le patriarcat et le poids des traditions. Comme le fait avec un remarquable courage Rachida Hamdan.

C'est dans sa ville de Saint-Denis que me donne rendez-vous cette dynamique quadragénaire, dans un café situé face à la majestueuse basilique-cathédrale de la ville et alors que les derboukas et youyous accompagnent les nombreux couples venus sceller leur union à l'hôtel de ville en ce samedi ensoleillé.

Rachida me vante les charmes de cette cité de 110 000 habitants issus de plus de 140 nationalités différentes[1]. « Saint-Denis, ce n'est pas que le Stade de France, Jawad Bendaoud et les logeurs de Daesh. Il y a dans cette ville des forces vives, dans la jeunesse notamment, qui ne demandent qu'à être encouragées. » En 2004, cette ancienne technicienne informatique et réseaux, l'une des deux seules femmes issues de la première promotion de techniciens informatique et Web reconnue par l'État en 1996, fonde Artis Multimédia, une association de lutte contre la fracture numérique. « À l'heure de la dématérialisation croissante de nombreuses démarches, notamment administratives, nous avons des habitants qui ne savent même pas entrer un mot de passe sur un ordinateur. Certains se contentent de se reposer sur leurs enfants, mais d'autres ont envie de se débrouiller par eux-mêmes et se prouver qu'ils peuvent y arriver. Alors ils viennent nous voir. »

Le succès est au rendez-vous. Quinze ans après sa création, l'association dispose de trois antennes dans la ville et a décroché le soutien financier de la Fondation Orange, qui lui a permis l'achat d'ordinateurs portables et de postes informatiques fixes équipés des derniers logiciels de bureautique. Cinq salariés à temps plein et huit bénévoles font tourner la structure et ses antennes. « Rapidement, il s'est avéré que nous devions répondre à d'autres attentes », explique Rachida Hamdan. L'association élargit alors ses champs d'intervention en proposant des cours d'alphabétisation, des séances de soutien scolaire, l'accueil et l'encadrement des

---

1. Entretien en date du 22 juin 2019.

gamins exclus provisoirement de leurs collèges et l'action « Permis au féminin » qui permet à des femmes primo-arrivantes, africaines essentiellement, de passer leur permis de conduire et de gagner ainsi en autonomie et en indépendance. « Le permis est une clé vers la liberté. Je me suis d'ailleurs retrouvée prise au piège entre les islamistes d'un côté, m'accusant de permettre à des femmes d'accéder à ce formidable outil d'émancipation, et des militants d'extrême droite de l'autre, me reprochant d'organiser des ateliers fréquentés par des femmes voilées. » Rachida assume : « J'ai des principes, mais je suis aussi rattrapée par la réalité du terrain. Je préfère une femme voilée qui vient chez moi s'entraîner à passer son permis, plutôt que de la savoir enfermée chez elle à s'occuper des enfants en attendant que monsieur rentre à la maison. Je suis opposée au voile et à la symbolique qu'il représente, mais je ne suis pas contre les femmes voilées. La nuance est mince, mais pourtant essentielle. Pour l'extrême droite et les fachos, c'est déjà trop compliqué à comprendre. »

Rachida se définit comme musulmane. « Je ne suis ni apostat, ni athée. Je pratique un islam marqué par l'influence berbère de mes parents. Chez nous, juifs, chrétiens, croyants et non-croyants avaient leur place autour de la table. C'est un islam qui se pratique à la maison, dans la sphère privée. Je n'ai pas besoin d'être dans l'affichage permanent et le prosélytisme pour renforcer ma relation à Dieu. Tout autant que je suis convaincue que cet islam est parfaitement compatible avec les valeurs de la République. » C'est ce message qu'elle tente de transmettre aujourd'hui à la jeunesse de Saint-Denis à travers les actions menées par l'association. Mais, face à elle, les oppositions sont tenaces.

D'abord celle des intégristes islamistes qui quadrillent nombre de quartiers de la ville. Rachida Hamdan décrit une stratégie de conquête des esprits et d'occupation du territoire finement réfléchie et redoutablement efficace. Le voilement des femmes, et parfois même des fillettes, en est la première manifestation visible. La fondatrice d'Artis Multimédia me rapporte des cas de femmes fréquentant sa structure et contraintes de se voiler alors qu'elles ne le souhaitaient pas. « Les maris des femmes non voilées se font tancer à la mosquée. Si ta femme n'est pas voilée alors que tu fréquentes la mosquée, c'est que tu es non seulement un mauvais mari, mais en plus un mauvais musulman », explique-t-elle. La pression devenant trop forte, les hommes finissent par demander à leurs femmes de se voiler, ce qu'elles font très majoritairement. Elle me décrit également le prosélytisme organisé devant les écoles. « Beaucoup de choses se jouent devant les écoles. En attendant la sortie des enfants, les mères se parlent. "Oukhty [ma sœur, en arabe], tu devrais te voiler et te mettre en conformité avec l'exigence d'Allah." »

Parfois, la militante associative croise la route de fillettes de 6 ou 8 ans se promenant avec un voile sur la tête. « Où est le libre choix ? J'entends certaines féministes m'expliquer matin, midi et soir qu'il faut laisser aux femmes le choix de se voiler ou non, mais où est le libre choix à 6 ans ? » enrage-t-elle : « On explique à des gamines qui devraient encore baigner dans l'insouciance de leur enfance qu'elles doivent être vertueuses et pudiques. C'est révoltant. » Des cas similaires me sont régulièrement signalés à la sortie d'écoles coraniques ou de centres culturels musulmans à travers le pays. Je dois bien avouer une forme de sidération absolue face à ce qu'il faut qualifier sans aucune hésitation de maltraitance infantile. Par ailleurs, si, comme me l'expliquent régulièrement les défenseurs les plus zélés du port du voile, l'un de ses intérêts est de protéger les femmes des regards concupiscents et des pulsions masculines, de quels regards et de quelles pulsions faut-il protéger des filles de 6 ans ? Personne, jamais, n'est parvenu à m'apporter une réponse rationnelle à cette interrogation.

Cette stratégie autour du voilement finit pourtant par produire l'effet pervers espéré par ses promoteurs : le voile devient progressivement la norme et celles qui s'obstinent à ne pas vouloir le porter deviennent des impudiques à mettre au ban de la communauté.

L'ingérence des intégristes islamistes s'organise aussi à travers la prolifération d'associations proposant des cours d'arabe coranique. « Les barbus profitent de ces cours pour faire passer des messages. Tout cela participe d'un projet politique qui n'est pas du tout fantasmé. Ça n'a plus rien à voir avec l'élévation spirituelle, celle à laquelle j'aspire comme musulmane, explique Rachida, qui rajoute : les salafistes sont très organisés, très réactifs. Dès qu'un gamin est exclu temporairement de son collège ou de son lycée, ils lui mettent la main dessus pour le conduire vers la mosquée la plus proche. » D'où le rôle décisif des structures associatives de terrain comme Artis Multimédia. Le travail de Rachida Hamdan ne plaît pas à tout le monde dans la ville et lui vaut d'être régulièrement accusée de trahison à sa communauté, à ses origines, à sa religion. La traîtresse qui s'est vendue aux Blancs!

Les islamistes ne sont pas les seuls à se trouver dans son viseur. La quadragénaire, mère de deux filles, pointe aussi la responsabilité de certains élus locaux, qui, plutôt que de tenir bon sur les principes, se font les organisateurs d'un clientélisme à peine masqué. Et encouragent, par leurs discours, l'assignation à résidence identitaire et les complaintes victimaires.

Il y a quelques mois, elle rompt définitivement tout contact avec la section locale de La France insoumise, ulcérée par les discours sur le racisme d'État ou l'islamophobie structurelle de la France. « Je n'en pouvais plus d'entendre des pleurnicheries à toutes les réunions. La logorrhée sur "les pauvres racisés, vous êtes des victimes, la France ne vous aime pas" m'est devenue insupportable. Nous ne sommes pas des victimes. Moi, je me bats tous les jours auprès de gamins pour les convaincre de croire en leur destin, d'aller à l'école, de se surpasser, de se battre. Et disant cela, je sais très bien qu'il y a des difficultés et que ceux qui portent certains noms ou sont issus de certaines origines devront en faire plus que d'autres. Mais plutôt que de les laisser s'apitoyer sur leur sort, moi je veux qu'ils relèvent la tête, qu'ils serrent les poings et qu'ils aillent puiser en eux-mêmes l'énergie nécessaire pour tout déchirer. Voilà ce que je dis à ces gamins. Alors, quand je vois des gens qui se sont mis, eux-mêmes et leurs enfants, à l'abri du besoin, qui sont professions libérales, ont des mandats d'élus, dirigent des boîtes, venir jouer aux pleureuses et geindre sur les pauvres victimes de la France raciste auprès de gamins qui ont tout leur avenir à construire, ça me met hors de moi. » Rachida Hamdan décrit très bien ce phénomène qui consiste pour certains élus, sociologues, journalistes ou intervenants dans le débat public, à percevoir les populations issues de l'immigration en général, et les musulmans en particulier, comme les nouveaux damnés de la terre qu'il conviendrait de traiter différemment du reste de la population. C'est une insulte faite à notre intelligence que de considérer que nous devrions, au nom du passé colonial de la France que nous n'avons connu que sur les pages glacées de nos livres d'histoire ou d'une prétendue islamophobie structurelle, bénéficier d'un statut d'exception. C'est un mépris insupportable adressé à tous ceux qui, par millions, Français et musulmans, vivent de manière épanouie dans notre pays, contribuent à son économie, à ses sciences, à sa culture, à ses performances sportives. Tous ces médecins, avocats, chefs d'entreprise, élus, enseignants, étudiants, salariés et ouvriers qui aiment la France, vivent leur religion en paix et ne demandent pas à ce que des idiots utiles viennent pleurer devant eux sur leur sort. Mais ces discours irresponsables, plus que sur ceux qui ont déjà réussi, provoquent des dégâts considérables sur les plus jeunes générations, ceux pour qui tout reste à faire, tout reste à construire. Persuadés dès le plus jeune âge que leur origine ou leur couleur de peau constituera un frein pour leur avenir, que la France ne veut pas d'eux et ne leur tendra pas la main, ils finissent par baisser les bras et développer à l'égard de notre pays ressentiment, méfiance et hostilité. C'est l'un des défis les plus importants que devra relever notre société dans les prochaines années.

Lorsque je demande à Rachida Hamdan si elle garde confiance en l'avenir, sa réponse est immédiate : « Si je n'avais pas confiance, je serais partie depuis longtemps. Mais j'ai le goût du combat et je crois que la jeune génération peut faire de grandes choses. » Pour donner plus d'écho encore à son engagement, Rachida a lancé une nouvelle association à l'automne 2018, Les Résilientes, qui se fixe comme objectifs de dénoncer et combattre les conservatismes et les systèmes patriarcaux qui oppressent les femmes, défendre les droits des femmes et lutter contre les violences et l'usage sexiste de leur image, et accompagner les victimes de violences. La création de l'association répond également à un besoin : « Je rencontrais au quotidien des femmes qui me rapportaient des histoires terribles, mais qui n'osaient pas toujours se tourner vers les institutions spécialisées pour les femmes victimes de violences conjugales. Encore moins vers les services de police. Certaines n'ont même pas conscience de leur statut de victimes. De fait, avec Les Résilientes, nous

allons leur offrir une aide juridique et un accompagnement dans les procédures. » La soirée de lancement
s'est tenue en présence de deux marraines : Ghada
Hatem, gynécologue-obstétricienne, fondatrice de la
Maison des femmes de Saint-Denis où sont accueillies
victimes de violences, de viols et d'excision, et la comé-
dienne et militante Femen, Sophia Antoine. « Femen
à Saint-Denis, il fallait le faire. Bon, cette fois-ci, elle
était habillée, mais pourquoi ne pas envisager un deuxième round un peu plus osé la prochaine fois ? » lâche
Rachida dans un grand éclat de rire. Comme un défi
lancé à tous les obscurantistes qui rêvent de faire taire
les voix des femmes et de cacher leurs corps. Ils seront
toujours vaincus. Grâce à Rachida et aux femmes libres
du monde entier qui lui emboîtent le pas.

Menaces, insultes, agressions : combats pour les LGBT

Été 2019. Un café face à la gare de Lyon-Part-Dieu.

« Elle a arraché ma page du livret de famille et a brûlé ma carte d'identité. Symboliquement, c'était une façon de me faire disparaître[1]. » Ces mots, c'est Mehdi Aïfa qui les lâche, revenant sur ce soir du printemps 2011 où, pressé de questions sur sa vie sentimentale par sa mère, il finit par faire son coming out.

L'histoire de Mehdi est d'abord celle d'une enfance chaotique. Père qui disparaît à sa naissance et qu'il ne reverra plus jamais, placement par l'aide sociale à l'enfance (ASE) suite à des faits de maltraitance commis par sa mère, déménagements à répétition, ballotté de foyers en familles d'accueil. Lyon, Brioude, Langeac et ailleurs encore. « Paradoxalement, dans mon malheur, le placement en famille m'a ouvert des horizons. Je me suis retrouvé dans des familles françaises, découvrais

_____

1. Entretien en date du 2 août 2019.

des univers qui m'étaient totalement étrangers. Ça m'a beaucoup appris », raconte-t-il aujourd'hui.

Le placement finit par être levé, Mehdi retrouve le domicile familial et les barres d'immeubles d'un quartier difficile de la banlieue lyonnaise. Quand arrive ce fameux soir… « Ce fut un cataclysme. Elle m'a couvert d'insultes, de crachats, et a même essayé de vieilles techniques de sorcellerie pour me faire revenir dans le droit chemin. Avant de jeter mes affaires à la rue et de me demander de partir », se souvient le jeune homme de 28 ans, qui s'arrête, marque un temps de silence et ajoute : « Elle m'a dit qu'elle avait honte de moi vis-à-vis de Dieu, mais elle n'est même pas pieuse. Ma mère a eu une vie assez dissolue. Ma sœur, mon frère et moi avons trois pères différents. Mais le poids de la culture, des traditions et du qu'en-dira-t-on est trop fort. » Pendant six mois, à 21 ans, il alterne les nuits passées dans des halls d'immeubles et des centres d'hébergement d'urgence. Un soir, des bénévoles du Secours populaire lui parlent du Refuge, une association qui offre un hébergement et un accompagnement personnalisé aux jeunes LGBT de 18 à 25 ans, victimes d'homophobie et en situation de rejet familial. Il passe six mois dans un appartement relais mis à disposition par l'association, décroche un travail d'aide-soignant dans un hôpital et parvient à louer son propre logement. L'expérience de la rue, traumatisante, laisse des traces : « Lorsque c'est possible, je paye mon loyer un mois à l'avance pour être sûr de ne jamais me retrouver à la rue », poursuit-il.

Au Refuge, Mehdi Aïfa est touché par les histoires des autres jeunes pris en charge, parfois plus dramatiques que la sienne encore. Il pense, surtout, à tous ceux qui, dans les banlieues, n'ont pas osé franchir le pas « et qui ne le feront sans doute jamais, condamnés à se marier avec une fille, à avoir des enfants et à se rendre compte à 50 ou 60 ans qu'ils ont raté leur vie. C'est terrible ». Mehdi décide de s'engager publiquement pour cette cause, accompagne Le Refuge, aide d'autres associations LGBT. « Si ma parole et mon expérience peuvent aider ne serait-ce qu'un autre jeune de banlieue à s'en sortir, alors elles auront été utiles. »

Son discours, très critique à l'égard de l'islam, de l'islamisme et du poids des traditions dans la culture arabo-musulmane, dérange. Aïfa assume : « C'est vrai que mes mots peuvent parfois être durs à entendre, mais je crois qu'à trop arrondir les angles, on cache la vérité. Il faut poser des mots sur ce que l'on voit. Il y a une homophobie structurelle dans nos familles qui est directement liée au poids de la culture et de la religion. Être homosexuel, chez nous, c'est *haram* [terme arabe signifiant ce qui est interdit]. Donc quand tu apprends à des gamins depuis leur plus jeune âge qu'être homo ou lesbienne, c'est péché et interdit, comment veux-tu qu'ils ne deviennent pas homophobes plus tard ? Tu rajoutes à ça la culture viriliste, le machisme et l'idée répandue dans l'imaginaire collectif que l'homosexuel est un être faible, et la boucle est bouclée. »

Sur les réseaux sociaux, le jeune militant associatif enchaîne les publications pour dénoncer les agressions de personnes LGBT dans les banlieues ou en plein Paris, « qui sont majoritairement le fait de personnes venues de banlieues, d'ailleurs ».

Il reçoit des torrents d'injures. « Les trois quarts des insultes que je reçois proviennent de "Blancs", vivant dans les beaux quartiers, universitaires ou militants encartés dans les partis de gauche et qui m'accusent d'être raciste ou islamophobe. Pour eux, dénoncer des exactions commises par des personnes de couleur, c'est du racisme. Comme s'ils avaient quelque chose à se faire pardonner, en se sentant obligés de venir à la rescousse du "pauvre petit Noir" ou de "l'Arabe" qui ne peut être qu'une victime. Quoi qu'il fasse, ce sera lui la victime », souligne-t-il en riant, rajoutant : « Cette idée qu'il faudrait à tout prix défendre ou trouver des circonstances atténuantes à un Arabe ou à un Noir qui a fait une connerie est hyper colonialiste. Ils créent un argument d'autorité – l'accusation de racisme – pour faire taire leurs contradicteurs. Ces gens n'imaginent pas qu'une personne de couleur puisse avoir un autre discours qu'un discours victimaire. Donc, quand j'explique que moi je vais bien, que j'aime mon pays, que je ne suis pas une victime et qu'en plus je dénonce le poids de l'homophobie dans ma culture d'origine, ça les fait vriller », résume Mehdi. La situation tourne parfois à l'absurde et l'on peine à prendre au sérieux certains messages qui lui sont adressés sur les réseaux sociaux. Le 27 juillet 2019, un internaute anglais publie la vidéo d'une femme en burqa invectivant un participant à une marche LGBT, la Waltham Forest

Pride, dans un quartier de Londres, au Royaume-Uni. La femme fait face à un homme drapé dans un drapeau arc-en-ciel et lui hurle en anglais : « Honte à toi. Dieu a créé Adam et Eve et non Adam et Steve. » La vidéo déchaîne les passions sur Internet, poussant la police de la circonscription à réagir dès le lendemain en déclarant être informée « d'un abus à l'encontre de ceux qui participaient à la Waltham Forest Pride. Abuser de quelqu'un en raison de son orientation sexuelle ou de son identité est un crime de haine ». Une femme de 38 ans, soupçonnée d'être à l'origine de l'agression, est placée en garde à vue dans la foulée. Sur Twitter, Mehdi Aïfa se contente de relayer la vidéo, la commentant d'un sobre « Bienvenue chez les islamistes ». Les messages d'insultes et accusations de racisme et d'islamophobie défilent dans ses notifications. Un utilisateur du réseau social lui écrit : « Il est toujours préférable de citer l'islam. Ça permet d'imposer un climat de terreur suave et sirupeux sur les lèvres de ces affamés de sang. Cette pauvre femme a simplement l'air d'avoir de gros problèmes psychiatriques vu son hystérie. » Une autre, prenant moins de précautions sémantiques, ajoute : « Supprime ton tweet islamophobe sale merde. Putain tu devrais avoir honte. » Derrière son écran, Mehdi Aïfa n'en revient pas. « Je n'imaginais pas que nous en étions arrivés à ce niveau de confusion mentale. La vidéo est claire, montre une femme recouverte de la tête aux pieds d'une burqa, un accoutrement islamiste, s'en prenant à un homme en raison de son orientation sexuelle, mais certains sont plus choqués par mon commentaire que par la vidéo elle-même. Alors que j'ai bien pris soin d'écrire "islamiste", ces gens ne se rendent même pas compte qu'en m'accusant d'islamophobie, ils mettent dans le même sac les "islamistes" et les "musulmans", ce que je ne fais en rien. C'est lunaire. » Cette volonté de relativiser se retrouvera également en Angleterre, où les organisateurs de la marche LGBT en marge de laquelle l'altercation est survenue s'empresseront de dénoncer le fait que « l'extrême droite se soit emparée de cette vidéo et a essayé de l'utiliser pour renforcer sa vision tordue de la société, afin de stigmatiser la communauté musulmane de Waltham Forest ».

Plus près de chez nous, le 31 mars 2019, alors qu'une manifestation d'opposants à l'ex-président algérien Abdelaziz Bouteflika se déroule sur la place de la République à Paris, Julia Boyer, une transsexuelle de 31 ans, cherche à s'engouffrer dans le métro. Trois hommes lui barrent la route. « Hé, mais t'es un homme, toi ! » lui balance le premier, tandis que le second pose sa main sur sa poitrine et que le troisième exhibe son sexe en demandant à la jeune femme de lui « faire du bien ». Tentant de fuir, Julia Boyer rebrousse chemin, remonte les escaliers de la station et se retrouve nez à nez avec les autres manifestants. Les insultes, les crachats et les jets de bière fusent, pendant qu'un chant algérien humiliant est entonné : « Tiens la friandise, tiens le gâteau », disent les paroles. Alors qu'elle s'approche d'un individu pour lui demander de la laisser passer, les coups de poing s'abattent sur

son visage, avant que des agents du Groupe de protection et de sécurisation des réseaux de la RATP (GPSR)
n'interviennent pour l'exfiltrer et la mettre à l'abri. Le
principal accusé, auteur des coups, est un Algérien
sans papiers, présent en France depuis un an et demi
et déjà connu des services de police pour avoir commis des délits. Il sera condamné deux mois plus tard
pour « violences commises en raison de l'identité de
genre » à une peine de dix mois de prison, dont six
mois ferme, et à verser 3 000 euros de dommages et
intérêts à la victime.

Dès la publication de la vidéo sur les réseaux sociaux
par l'association SOS Homophobie, des centaines de
messages sont postés moins pour s'enquérir de l'état
de la victime et dénoncer l'agression que pour redou-
ter une possible stigmatisation des auteurs. La victime
elle-même entame une grande tournée médiatique
durant laquelle il sera autant question de son agression que de son souci de ne pas mettre en cause le
profil des agresseurs. « Je ne veux pas d'amalgames »,
répétera-t-elle à d'innombrables reprises. Mehdi Aïfa
se souvient : « Je n'ai rien dit publiquement sur le
moment, car je ne voulais pas blesser Julia, mais ce qui
s'est passé est symptomatique. "Ce n'est pas de leur
faute", "ne les stigmatisons pas", "ils ne voulaient pas
me faire du mal". Bien sûr qu'il faut être contre la stigmatisation, qui peut défendre le contraire ? Mais, à un
moment donné, on est plus dans le refus de la stigmatisation, on est dans l'aveuglement. Et moi, en voyant
Julia à République, j'ai vu les événements de la place

Tahrir au Caire lors du Printemps arabe ou les femmes agressées à Cologne pendant le réveillon fin 2015. C'est pareil ! » Réagissant aux agressions de Cologne, l'écrivain algérien Kamel Daoud se retrouve au cœur d'une très vive polémique pour avoir publié une tribune le 29 janvier 2016 dans le journal *Le Monde*[1], dans laquelle il traite des questions de la sexualité, de la frustration masculine et du rapport à la femme dans le monde arabe. « Le sexe est la plus grande misère dans le monde d'Allah [...]. L'Autre vient de ce vaste univers douloureux et affreux que sont la misère sexuelle dans le monde arabo-musulman, le rapport malade à la femme, au corps et au désir. Le rapport à la femme est le nœud gordien. La femme est niée, refusée, tuée, voilée, enfermée ou possédée », écrit-il. La tribune provoque un tollé. Dans son édition du 10 février 2016, *Le Monde* publie la réponse[2] d'un collectif composé d'historiens, d'anthropologues ou de sociologues qui accuse l'écrivain de véhiculer des clichés islamophobes et orientalistes éculés, « une série de lieux communs navrants sur les réfugiés originaires de pays musulmans ». « Nous nous alarmons de la banalisation des discours racistes affublés des oripeaux d'une pensée humaniste qui ne s'est jamais si mal portée », accusent les signataires. Face à l'ampleur des menaces reçues,

---

1. Kamel Daoud, « Cologne, lieu de fantasmes », *Le Monde*, 29 janvier 2016.

2. Tribune collective, « Nuit de Cologne : Kamel Daoud recycle les clichés orientalistes les plus éculés », *Le Monde*, 10 février 2016.

l'écrivain se met en retrait du journalisme et quitte le débat public. Le Premier ministre Manuel Valls lui apporte son soutien dans un texte publié sur Facebook le 2 mars 2016. Le chef du gouvernement y invite à soutenir « sans aucune hésitation et de façon urgente » l'écrivain, ajoutant : « Les attaques, la hargne inouïe dont Kamel Daoud fait l'objet depuis quelques jours ne peuvent que nous interpeller, nous indigner. Et pour tout dire : nous consterner. »

Kamel Daoud a eu parfaitement raison de soulever ces débats. Je n'ignore rien de leur complexité et j'ai à l'esprit, toujours, la préoccupation de ne jamais essentialiser des groupes de personnes. Tous les réfugiés ne sont pas des violeurs, tous les musulmans n'ont pas un rapport maladif à la femme, tous les Arabes ne sont pas des frustrés sexuels. Et se battre contre ceux qui, la bave aux lèvres, à l'extrême droite, se ruent sur la moindre affaire pour étaler leur xénophobie crasse et leur racisme reste un impératif absolu pour le républicain que je suis. Jamais il ne me quitte ! Mais rappeler ces évidences doit aussi nous faire admettre qu'existe un problème de fond dans le rapport à la femme, à l'homosexuel et à tout ce qui touche au désir en général dans la culture arabo-musulmane. Nier les problèmes ou hurler à la stigmatisation ne fera rien avancer. A contrario, identifier les défauts d'un groupe, c'est le mettre face à ses responsabilités, lui permettre de les affronter avec lucidité.

Par ailleurs, en tant que personne elle-même issue d'une minorité sexuelle qui affronte ses propres problèmes, Julia Boyer ne se sent sans doute pas à même de porter un discours expressément critique à l'égard de ses agresseurs, refusant, et comment lui en vouloir, de prendre le risque d'être récupérée par une extrême droite qui, comme nous l'avons vu pour le féminisme précédemment, s'est subitement érigée en avocate enflammée de la cause LGBT en se saisissant de l'agression, alors que ses cadres et militants peuplaient les cortèges de la Manif pour tous. LGBT, Juifs, femmes : beaucoup éprouvent un tiraillement entre leur souhait de dénoncer les problèmes auxquels ils font face et leur crainte de passer pour des racistes qui ne feraient qu'apporter de l'eau au moulin de l'extrême droite. De fait, beaucoup préfèrent alors poser un couvercle sur la réalité et ne prendre aucun risque.

En banlieue ou au cœur même de Paris, comme nous l'avons vu avec l'agression de Julia Boyer, les LGBT ne sont plus en sécurité. Dans les rues du Marais, quartier historique de la communauté homosexuelle, un patron d'établissement de nuit raconte un enfer quotidien. « Nos clients sont agressés tous les soirs. Soit verbalement, soit physiquement, frappés et rackettés. Il n'y a pas un soir sans qu'un incident éclate dans le quartier[1] », m'explique-t-il. Riverains et professionnels sont à bout. Dans une rue adjacente, un gérant de bar abonde dans le même sens : « Il y a une très grande colère, d'autant que le phénomène s'est nettement aggravé ces dernières années. » Aux

---

1. Entretien en date du 15 août 2019.

« traditionnels » groupes de dealers venus des banlieues à la rencontre de potentiels clients sont venues s'agglomérer ces derniers temps des bandes de jeunes venues du nord de Paris, et particulièrement du 18e arrondissement, où ils sèment le désordre depuis plusieurs mois. « Beaucoup de mineurs marocains isolés shootés à la colle qui jouissent d'une relative impunité. Ils se comportent comme des monstres avec nos clients, mais dès que la police arrive, ils se transforment en chatons, demandent à voir avocats et médecins et pleurent sur leur sort de réfugiés. » Les policiers font connaître aux commerçants du quartier leur impuissance face à un tel phénomène. Pris en flagrant délit, les jeunes agresseurs ne passent souvent même pas par le stade des auditions et sont directement orientés vers des foyers d'accueil dont ils finissent par ressortir très rapidement. « Résultat : beaucoup d'homosexuels qui se sont fait agresser une fois, deux fois, trois fois, finissent par déserter le Marais, changent de comportements, évitent les signes d'affection en public », me dit le patron de bar. Riverains et professionnels demandent des mesures d'urgence et dénoncent le silence des autorités. « Nous demandons des caméras, plus de rondes de police, bref des moyens importants pour lutter contre les agressions homophobes dans le quartier, mais pour l'instant c'est silence radio. Il y a un déni et un refus de nommer le mal. » À l'approche des élections municipales, les commerçants envisagent d'interpeller publiquement les élus parisiens et la préfecture de police.

Cette augmentation des agressions contre les LGBT, Yohann Roszéwitch[1] ne la nie pas, mais la relativise légèrement en apportant d'autres éléments d'explication. Conseiller à la lutte contre la haine et les discriminations anti-LGBT au sein de la Dilcrah (Direction interministérielle de lutte contre le racisme, l'antisémitisme et la haine anti-LGBT), l'ancien président de l'association SOS Homophobie considère que le vote du mariage pour tous en 2013 a marqué un tournant. « Le vote de la loi Taubira a eu plusieurs conséquences : d'abord celle d'atteindre une certaine égalité des droits, de reconnaître pleinement les couples et familles homoparentales, et même s'il reste évidemment des discriminations, c'est un grand pas qui a été franchi en termes de visibilité. » De fait, se sentant plus reconnus par la société, les personnes LGBT agressées se sont senties plus fortes et plus légitimes pour déposer plainte et médiatiser leurs agressions à coups de photos chocs postées sur les réseaux sociaux montrant des visages ensanglantés et des nez cassés. « Plus on tend vers l'égalité des droits, plus on froisse les derniers opposants, qui, se rendant compte qu'ils perdent le combat, deviennent plus agressifs... Et de fait, les victimes se font plus entendre qu'il y a quelques années, où elles rencontraient beaucoup plus de difficultés qu'aujourd'hui face à des policiers ou gendarmes moqueurs ou refusant de prendre les plaintes. Le travail réalisé auprès

_____

1. Entretien en date du 10 septembre 2019.

des fonctionnaires porte aussi ses fruits », m'explique Yohann Roszéwitch.

La loi Taubira restera sans doute comme l'un des textes phares du quinquennat Hollande. Malgré certaines maladresses de l'exécutif (sur la clause de conscience des maires notamment[1]) et la violence caricaturale de l'opposition de droite et d'extrême droite, cette loi était utile et opportune pour deux raisons principales :

– en accordant une égalité entre les couples, elle actait qu'au nom de la République française l'orientation hétérosexuelle n'était pas supérieure à l'orientation homosexuelle. Ainsi, tous les couples se soumettant aux mêmes devoirs inhérents à l'institution civile du mariage mentionnés dans le Code civil pouvaient être reconnus comme tels par l'État.

– en alignant le régime juridique des couples homosexuels sur celui des couples hétérosexuels, cette loi favorisait la banalisation de l'homosexualité dans le corps social (fin d'une hiérarchie entre les orientations sexuelles) et était donc un facteur de lutte contre la stigmatisation des personnes LGBT en France.

----

1. Le 20 novembre 2011, à l'occasion d'un discours prononcé devant le congrès des maires de France, François Hollande déclare que les élus pourront objecter de leur « liberté de conscience » pour refuser de célébrer des mariages homosexuels. Face au tollé provoqué dans la majorité présidentielle et à l'indignation des associations LGBT, l'entourage du chef de l'État fait savoir le lendemain qu'il retire l'expression.

Des efforts importants restent néanmoins à accomplir. À la Dilcrah, Yohann Roszéwitch considère que, au-delà de la répression et des sanctions judiciaires, lorsque les auteurs d'actes homophobes sont retrouvés par la police, c'est sur la prévention qu'il convient de mobiliser les moyens : « Ça passe d'abord par la sensibilisation et la prévention dès le plus jeune âge. Si on banalise la diversité des orientations sexuelles par la représentation de cette diversité dans les livres scolaires notamment, on verra sans doute que les prochaines générations seront de plus en plus ouvertes sur ces sujets, les mentalités évolueront. Elles ont déjà considérablement évolué ces dernières décennies, et ne serait-ce que depuis 2013. Plus grand monde dans le paysage politique ne promet désormais l'abrogation de la loi Taubira », m'explique le conseiller. « Et puis, il y a la société dans son ensemble, le rôle joué par les médias. Quand apparaissent des couples LGBT dans des feuilletons ou des jeux télévisés, lorsque, dans le cadre d'un reportage sur les impôts ou la rentrée scolaire, tu as un couple d'hommes ou de femmes qui sont interrogés en tant que contribuables ou parents d'élèves et non en tant qu'homosexuels ou lesbiennes, ça peut paraître anecdotique de prime abord, mais c'est, en termes de visibilité et de banalisation, un pas important. » Important. Pour Mehdi et tous les Français qui veulent vivre leur sexualité librement.

Universalisme de combat

La remise en cause de notre socle républicain et de nos principes ne se joue pas que sur le terrain. Dans le débat public aussi, ce poison répand lentement son venin.

Ces dernières années, nous avons assisté, stupéfaits, au retour d'un concept qu'on avait cru mort et enterré avec la décolonisation : celui de la race. On a vu ressurgir depuis une dizaine d'années des mots et des discours qu'on avait crus disqualifiés à jamais : c'est le grand bazar des « indigènes », des « racisés » qu'on oppose à la « blanchité », au « patriarcat » et à un prétendu « racisme d'État » qui régnerait en France. Des groupuscules, parmi lesquels les « Indigènes de la République », ont ressuscité la France « Banania », celle des expositions coloniales et des revues « nègres ». Avec leur machine à remonter le temps, ils prétendent être des antiracistes « décoloniaux » et vous expliquent, sans rire, qu'ils souffrent encore du colonialisme, dans leur chair, comme leurs aînés. Pour eux, la réintroduction de la « race » autorise tous les abus et tous les excès. Les Noirs, les Arabes, les musulmans sont des « racisés », désignés par nature et à vie comme les victimes éternelles du « Blanc », de la « colonisation », de la « traite », de « l'esclavage », comme si personne n'avait ôté les chaînes immondes de ce qui fut un crime contre l'humanité. Pour eux, le « Blanc » est un salaud génétique, héréditaire et immuablement raciste : dans son sang coule l'esprit de domination et de discrimination, dans ses gènes résistent tous les préjugés et toutes les haines.

Évidemment, ces théories ont trouvé des idiots utiles. Et la gauche et l'extrême gauche, en la matière, disposent de ressources inépuisables et renouvelables. La chute du mur de Berlin a laissé orphelines toutes ces belles âmes gauchistes, bercées par des élans paternalistes mélangés à une bonne dose de culpabilité à expier. Il fallait reconstituer d'urgence un peuple de victimes à défendre, de prolétaires à réenchanter et un peuple de salauds dominateurs à vilipender. Sartre ne voulait pas désespérer Billancourt. Plénel ne veut pas désespérer Aulnay-sous-Bois, Vaulx-en-Velin et les quartiers nord de Marseille. La gauche a retrouvé avec le discours décolonial une victime désignée à défendre et à chérir, comme une action placée en Bourse dont le cours ne cesse de monter à chaque imprécation contre « l'État raciste », « la police raciste », « l'école raciste ». Ce phénomène est particulièrement inquiétant au sein de l'université française. Alors que la tradition humaniste a éclairé des siècles durant nos institutions d'enseignement supérieur, une nouvelle « trahison des clercs » est à l'œuvre, guidée par une idéologie folle et dangereuse pour la Nation. Le 25 mars 2019, dans l'amphithéâtre Richelieu de la Sorbonne à Paris, alors que la tragédie grecque antique du poète Eschyle, *Les Suppliantes*, doit être présentée dans une mise en scène de Philippe Brunet, des associations étudiantes empêchent les spectateurs d'entrer dans la salle. L'objet de leur colère ? Conformément à la grande tradition du théâtre antique, certains acteurs doivent porter des masques sombres pour incarner leurs personnages (les Danaïdes, venues d'Égypte, à la peau noire et au costume bariolé). Pour les associations protestataires, parmi lesquelles la Ligue de défense noire africaine (LDNA), cela s'apparente à du racisme et à de la « négrophobie ». La représentation est annulée ! La direction de l'université déclarera par voie de communiqué qu'empêcher, « par la force et l'injure, la représentation d'une pièce de théâtre est une atteinte très grave et totalement injustifiée à la liberté de création. Les accusations de racisme ou de racialisme sont révélatrices d'une incompréhension totale ». Réagissant à l'affaire dans une tribune publiée par Le *Monde* le 11 avril 2019[1], des personnalités du monde de la culture s'insurgent « contre une logique de censure intégriste et identitaire » organisée par des « étudiants commissaires politiques ». Parmi les signataires, on retrouve l'historique patronne de la troupe du Théâtre

---

1. « "Blackface" à la Sorbonne : ne pas céder aux intimidations, telle est notre responsabilité », *Le Monde*, 11 avril 2019.

du Soleil, Ariane Mnouchkine, qui fut elle-même, quelques mois plus tôt, prise dans une polémique insensée. Travaillant avec l'artiste québécois Robert Lesage sur l'écriture et la mise en scène de Kanata, un spectacle consacré aux premiers habitants du Canada, Ariane Mnouchkine est accusée sur place de n'avoir intégré aucun artiste autochtone dans la distribution de la pièce et de se livrer à « de l'appropriation culturelle[1] ». Face à la violence inouïe de la polémique et des attaques, les représentations de la pièce sont interrompues. Ariane Mnouchkine dénonce « des tentatives d'intimidation idéologique en forme d'articles culpabilisants, ou d'imprécation accusatrices » et annonce que la pièce sera finalement jouée en France.

L'idée de « race », qu'on avait crue disqualifiée à jamais dans nos amphithéâtres et nos laboratoires de recherche, est donc de retour. Une partie de la gauche et de l'extrême gauche, inspirées par le monde anglo-saxon, tentent de nouveau d'hybrider en France l'idée que l'on pourrait hiérarchiser la nature et, sous couvert d'antiracisme, on pratique de nouveau le racisme. On ne compte plus les colloques idéologiques où l'on invite les Indigénistes, à Rennes, à Limoges, dans de grandes écoles, pour donner l'imprimatur universitaire à des thèses racialistes, antisémites et homophobes. Il faut

---

1. Terme désignant l'exploitation par des personnes appartenant à la culture « majoritaire », de biens matériels ou immatériels, issus de « minorités » mal traitées par ces cultures majoritaires.

relire dans le journal *Libération* du 26 septembre 2017 cette tribune d'universitaires intrépides, représentants de la « seule et vraie gauche » morale, prenant leur plume contre la loi sur le « harcèlement de rue » au motif que cette initiative de Marlène Schiappa allait stigmatiser « les hommes des classes populaires et racisées[1] ». Autrement dit, cela signifiait qu'il ne fallait pas verbaliser les délinquants qui empêchaient les femmes de vivre dans certains quartiers au motif que les auteurs de ces faits seraient majoritairement pauvres, noirs et arabes, selon la même logique que l'on a pu observer dans le chapitre consacré aux femmes dans ce même livre.

Les « racisés », autoproclamés victimes de la France « blanche », ont depuis quelques années organisé le « concours Lépine » des inventions glauques et improbables. En 2016, la blogueuse identitaire Sihame Assbague et sa comparse « afroféministe » Fania Noël co-organisent près de Reims un camp d'été décolonial réservé aux « racisés ». En somme, si tu es blanc, tu ne rentres pas. Même avec une carte de presse. L'histoire retiendra que le seul journal à avoir accepté de se plier à la règle est Mediapart, qui a dépêché Faïza Zerouala, une journaliste « racisée » donc, pour suivre les ateliers. La chose faisait suite au « Festival paroles non blanches », à l'université Paris-8, dont le titre à lui seul est une insulte à la France et

---

1. Tribune collective « Contre la pénalisation du harcèlement de rue », *Libération*, 26 septembre 2017.

à la République et qui organisait des événements en « non-mixité racisée ». La suite fut une succession de renoncements : les horreurs du Collectif Mwasi (*sic*) connu pour l'organisation du festival Nyansapo à Paris en 2017 avec « non-mixité raciale », la tentative d'organisation clandestine d'une séance de cinéma réservée aux Noirs au MK2 du quai de Loire à Paris pour le film *Black Panther*, ou encore les séminaires de formation « en non-mixité » à l'initiative du syndicat « Sud Éducation » en Seine-Saint-Denis. Dans les Marches des fiertés LGBT, on voit désormais surgir des groupes qui veulent séparer les cortèges : les Noirs et les Arabes devant, les Blancs derrière, au nom de la lutte contre « l'impérialisme gay blanc » et « l'homoracialisme ». En 2018, lors du mouvement social étudiant de Tolbiac, on pouvait lire dans un amphi « réservé aux racisés » : « Moins de tribunes, plus de tribus ». Le Ku Klux Klan aurait dû déposer des brevets, car, en matière d'exclusion à raison de la couleur la peau, les contrefaçons ont fleuri en France depuis deux ans. Il serait d'ailleurs utile de demander à ces « racialistes » ce qu'est, pour eux, un « racisé ». Faut-il se doter du nuancier de couleurs du rayon peinture du Castorama le plus proche pour savoir qui a le droit de rentrer et qui ne l'a pas ? Un Juif sépharade de retour d'un été au Maroc pourrait-il tromper les contrôles à l'entrée ? En quelques années, le cauchemar identitaire a vérolé des franges les plus intégristes et groupusculaires à celles qui avaient pignon sur rue, à La France insoumise, à l'UNEF, ou au sein de la Ligue des droits de l'homme.

En face, l'extrême droite, elle aussi historiquement racialiste, à l'origine du concept, boit du petit-lait et a enfin trouvé du carburant au séparatisme : des Noirs et des Arabes qui interdisent l'entrée à des Blancs, une aubaine pour ceux qui veulent démontrer depuis des siècles qu'il faut justement séparer ce qui est blanc de ce qui ne l'est pas, comme du temps de l'Afrique du Sud de l'apartheid.

Ces phénomènes marquent une rupture profonde avec le pacte républicain. Pour la première fois depuis le régime de Vichy, certains veulent imposer en France, sur le sol de la République, une organisation sociale où l'origine, l'ethnie, la « tribu », la couleur de peau, la religion même, déterminent votre droit à entrer dans un événement, à défiler dans la rue, à débattre à l'université.

Avec la race, la religion est la seconde arme pointée contre l'universalisme républicain depuis plusieurs années. La lecture religieuse du monde imposée par des fondamentalistes de tout poil a progressé. Évidemment, il existe des formes bien connues de ces phénomènes. L'extrême droite traditionaliste catholique a toujours vomi la République et n'a jamais fait le deuil de Maurras et de la loi de séparation des Églises et de l'État. Le droit à l'avortement, l'abolition de la peine de mort, la dépénalisation de l'homosexualité lui ont toujours donné des boutons. Mais, à vrai dire, ces vociférations faisaient presque rire, fournissaient à *Charlie Hebdo* un stock de unes hilarantes et ne dépassaient que très peu l'heure des vêpres à Saint-Nicolas-du

Chardonnet. Une rupture a eu lieu lors de l'examen de la loi sur le mariage pour tous et a montré la convergence des obscurantismes dans la rue!

Ce qui est nouveau, désormais, c'est l'irruption de l'islamisme dans le débat public et la promotion d'un communautarisme assumé, au nez et à la barbe de nos compatriotes. Ce communautarisme religieux avance par petites marches et s'infiltre dans la vie quotidienne, comme un poison distillé contre l'universalisme. Les interdits religieux fournissent de quoi alimenter les polémiques : date des examens à l'université les jours de prière, compatibilité du ramadan avec les règles du travail, polémiques autour des repas dans les cantines scolaires, port du burkini dans les piscines publiques. Tout est bon pour tester la règle commune, pour affaiblir la laïcité, pour sans cesse revendiquer des exceptions et transiger, en permanence. Nos élus locaux, pour certains d'entre eux en tout cas, ont joué avec le feu et, pour se faire réélire, ont alimenté le communautarisme par tous les moyens, en satisfaisant les dérogations demandées au nom de la religion, en fermant les yeux sur les prières qui ont fait leur apparition à la mi-temps de certains matchs, en donnant des locaux, comme à Aulnay-sous-Bois, à des écoles religieuses fondamentalistes qui prônent la haine de la République, accusée « d'enseigner la masturbation, les jupes courtes et l'homosexualité ».

Enfin, l'irruption de la religion dans le débat public semble tout coloniser et se niche partout où elle le peut. À commencer par les mots. Depuis les années 1970, on dénonçait le racisme contre les Arabes : désormais, la victime est le « musulman », comme nous l'avons vu avec les mots brillants de Charb précédemment. Comme si le fait d'être originaire de tel ou tel pays du Maghreb ou du Moyen-Orient vous condamnait à avoir obligatoirement une identité religieuse, comme si l'athéisme vous était interdit. Comme si, d'ailleurs, il n'y avait qu'une façon d'être musulman – être une victime – en dépit d'une diversité incroyable. Pour les adversaires de l'universalisme, tous les fondamentaux sont passés au tamis religieux. La liberté d'expression, garantie par tous nos textes fondamentaux, de 1789 à 1958, est remise en cause. Quand *Charlie Hebdo* publie une une sur l'islam, on brandit le blasphème. Quand, à l'occasion d'un rassemblement de La France insoumise, un philosophe émérite, comme Henri Pena-Ruiz, revendique le droit de critiquer les religions, dans la plus ferme tradition des Lumières, et de protéger les croyants en tant qu'individu bénéficiant de la liberté de conscience, il est passé à la moulinette des crypto-islamistes qui ont gangrené depuis des années la gauche française en général et La France insoumise en particulier.

Quand Jean-Michel Blanquer mène, enfin, la bataille pour la laïcité à l'école, le chœur des identitaires se met à hurler à « l'islamophobie ». La droite française, pour une partie d'entre elle, n'est pas en reste en matière d'incurie : il suffit de voir Valérie Boyer faire de la laïcité un statut particulier pour les musulmans avec une imposante croix autour du cou pour s'en convaincre.

L'universalisme est attaqué de toutes parts, sur tous les terrains. Il a été trahi par ceux qui auraient dû avoir la mission de le défendre : des élus, des journalistes, des universitaires, qui ont ouvert la porte aux anti-Lumières. Aujourd'hui, il est urgent de lui trouver des défenseurs, de remettre l'universel au milieu du village, de la cité, de l'école, de l'hôpital, de l'université, de tous ces espaces communs qui furent les creusets de la République. Il est urgent de remettre l'essentiel à sa place et dire que nous refusons une société où certains voudraient faire de la couleur de votre peau, de votre religion ou de votre athéisme, de votre sexualité, de votre lieu de résidence, ce qui doit déterminer votre vie et celle de la République. Ils veulent nous diviser en groupes, en sous-groupes, pour organiser l'affrontement. Face à cela, il est temps de faire de la République une idée neuve, et du commun, son ciment !

Élus : ceux qui ne flanchent pas !

Dire que la mission de Thomas Urdy relève du défi est un euphémisme. C'est dans sa ville de Trappes, dans les Yvelines, que je retrouve ce jeune père de famille un mercredi après-midi du mois de juin 2019. Il en est depuis cinq ans l'adjoint au maire en charge de l'urbanisme, de l'environnement et de la qualité de vie. « Un boulot de chaque instant, mais tellement passionnant à conduire », m'explique-t-il. Ancienne cité médiévale fortifiée, en partie domaine royal, village agricole puis ville cheminote, Trappes, qui compte un peu plus de 30 000 habitants, collectionne sur son nom quelques sinistres performances qui ne l'ont pas aidée à redorer son image. C'est dans cette ville située au sud de Versailles que s'est tenue en 2003 la première manifestation de femmes voilées exigeant l'obtention de créneaux réservés pour les femmes dans les piscines de la ville. Ici que, alors que la seconde intifada vient de débuter quelques jours auparavant, le 10 octobre 2000, la synagogue de la ville brûle, une première en France depuis la fin de la Seconde Guerre mondiale. Le 18 juillet 2013, une jeune Française convertie à l'islam, Cassandra Belin, est contrôlée par la police à cause du port d'un niqab couvrant le visage, ce qui est formellement interdit depuis la loi votée trois ans auparavant par le Parlement. Belin refuse d'obtempérer, son mari s'en mêle et le contrôle dégénère : 400 habitants s'en prennent au commissariat de la ville, des pierres sont jetées, des abribus brisés, des déchets de poubelles incendiés. Quatre fonctionnaires sont légèrement blessés et un adolescent de 14 ans est grièvement touché à l'œil par un projectile. Avec 60 à 80 jeunes partis rejoindre les rangs de l'État islamique, Trappes détient également le record européen du nombre de départs par nombre d'habitants. « Ça a été un moment très éprouvant. Tu as beau bien connaître ta ville et les problèmes qu'elle doit affronter, quand tu vois ça, ça te met un coup sur la tête. Mais il ne faut surtout pas lâcher », se souvient Thomas Urdy. Les comédiens Jamel Debbouze et Omar Sy, l'humoriste Sophia Aram, le footballeur Nicolas Anelka, tous Trappistes, rappellent l'histoire d'une ville qui, avant d'être surnommée le « Molenbeek français », brillait par la richesse de sa diversité. Puis, insidieusement, au début des années 2000 se sont implantés de nouveaux réseaux, des fondamentalistes musulmans dont les idées ont commencé à se diffuser. Dans les collèges et les lycées de la ville, des enseignants ont commencé à rapporter que quelques rares élèves se mettaient à distribuer des cassettes sous le manteau, refusaient de participer aux cours de philosophie dès lors qu'il était question de Darwin, se faisant de plus en plus prosélytes.

« Il est de nos jours devenu nécessaire pour un enseignant comme pour un agent de la Ville de s'armer de pédagogie lorsque les convictions religieuses s'invitent dans l'espace public, comme cela peut être le cas dans une initiation à la pensée philosophique, mais aussi à la cantine ou au guichet de la mairie. L'ensemble du personnel éducatif, que ce soit du côté des enseignants ou des animateurs de la Ville, se retrouve face à des situations inédites qui parfois nécessitent de porter un regard vigilant lorsqu'il est question du refus de la mixité dans le cadre d'une activité sportive ou artistique, et dès lors qu'il s'agit d'éviter toute immixtion du religieux au sein d'un espace ou d'un service public », m'explique le jeune élu.

Historiquement, lorsque dans les années 1970 les HLM de Trappes viennent désengorger les bidonvilles de Nanterre, les travailleurs immigrés y trouvent tout le confort et la modernité qui conviennent. Le départ des classes moyennes pour un nouveau pavillon entre la ville et la campagne de la très jeune ville nouvelle de Saint-Quentin-en-Yvelines sonne le glas de la mixité sociale, et bientôt culturelle.

« Il est évident que le regroupement de travailleurs immigrés, domiciliés par leurs usines – ici à Trappes comme à La Verrière, notamment les ouvriers de l'industrie automobile –, qui ont été soigneusement regroupés par familles, par pays d'origine, dans les mêmes immeubles, ne pouvait se conclure quelques années plus tard que par une forme d'enfermement communautaire, d'entre-soi. »

Cet entre-soi, de nombreux habitants sont les premiers à ne plus le supporter. Un jour, alors qu'il quitte un conseil d'école, une mère de famille de confession musulmane interpelle Thomas Urdy : « On en a marre d'être entre Arabes et Noirs », dit-elle à l'élu, qui reste estomaqué. « On est toujours entre nous, nos enfants sont entre eux à l'école, au centre social, sur le city stade. Ils ne voient jamais personne d'autre que des Arabes et des Noirs comme eux. »

« Au-delà du ton volontairement provocateur, ce qu'a voulu me dire cette femme reflète l'état d'esprit de très nombreux habitants qui aimeraient offrir à leurs enfants de pouvoir côtoyer d'autres horizons et de découvrir la France dans toute sa diversité et toute sa richesse. »

Loin d'être anecdotique, l'expérience se confirme à nouveau lorsque dans un parc, au marché ou encore lors d'une manifestation de la Ville, des propos quasiment identiques seront tenus à l'élu avec toujours en ligne de mire la promesse d'une cité radieuse où vivaient ensemble des Français de toutes origines sociales et culturelles. « Ils se sont retrouvés regroupés et finalement victimes de ce qui à l'époque apparaissait comme une réponse politique, sociale et économique. Cette problématique est maintenant tout à fait transposable à la question de la répartition des logements sociaux. Si chaque ville jouait le jeu, nous n'en serions pas là », ajoute Thomas Urdy. À Trappes, comme ailleurs, la responsabilité des pouvoirs publics dans la constitution de véritables ghettos urbains est immense.

Le vendredi 1er mai 2015, vers 15 heures, deux hommes au visage masqué, venus à bord d'une Clio noire, tirent à quatorze reprises en direction d'un hall d'immeuble du quartier des Merisiers. Moussa, 14 ans, s'effondre, touché par une balle à l'abdomen. Il meurt sur le coup, victime collatérale d'un règlement de comptes entre deux bandes rivales. Le jeune homme, décrit comme « consciencieux et bon élève » par la principale de son collège, a été visé par erreur et n'était en rien lié à un quelconque trafic. Trappes est sous le choc. « La mort de Moussa fut l'un des moments les plus terribles du mandat. Tu réagis d'abord comme père de famille. Aucun enfant, aucun adolescent ne devrait trouver la mort dans de telles circonstances. Tu fais partie d'une équipe municipale qui se plie en quatre pour affronter les problèmes et redresser ce qui doit l'être et, en quelques secondes, ces efforts sont ruinés par un fait tragique qui fera la une de la presse nationale. Il faut alors tout recommencer. »

Depuis son installation, la municipalité s'est attaquée à un chantier de taille : diminuer la proportion de logements sociaux dans la ville en augmentant la part des logements dédiés à l'accès à la propriété. « Avec 80 % de logements sociaux dans une ville, tu as beau avoir la meilleure volonté du monde, tu ne peux pas lutter, tu ne peux rien faire », avance Thomas Urdy. La Ville travaille sur l'acquisition immobilière pour les jeunes couples et profite de l'élan initié par l'Agence nationale pour la rénovation urbaine (ANRU) pour requalifier l'ensemble de ses quartiers, incitant dans un même élan les jeunes Trappistes à accéder à la propriété. Ainsi, près de 50 % des premières ventes sur les quartiers ont concerné des habitants de la ville, les autres acquéreurs venant, quant à eux, des villes voisines comme Montigny-le-Bretonneux, Guyancourt, mais aussi de Dreux ou Paris. « Nous allons ramener, grâce à ces dispositifs, le taux de logements sociaux à 55 %, tout en permettant une diversification sociale de la population », se réjouit l'adjoint au maire, qui note que sa ville est désormais la plus dynamique des Yvelines concernant l'arrivée de nouveaux habitants. « L'apport de nouvelles classes moyennes agit significativement sur le taux de réussite scolaire ainsi que sur l'ensemble des critères. »

Face à la multiplication des commerces communautaires, la Ville active tous les leviers à sa disposition : rachat de locaux ou baux commerciaux, mise en place de cahiers des charges précis, aide à la création de nouveaux commerces par des baux attractifs, etc. « On ne peut pas prétendre vouloir favoriser une diversification des commerces et ne laisser s'installer que des commerces communautaires. C'est pourquoi nous nous sommes engagés sur cette question qui peut sembler secondaire, mais qui est en réalité primordiale. » Un supermarché, de grandes enseignes nationales de restauration, ainsi qu'un restaurant traditionnel en centre-ville répondent à l'appel des élus. « C'est aussi un signal positif lancé au reste du pays et aux acteurs économiques. Le signe d'une ville qui se normalise. On leur prouve qu'ils peuvent venir investir à Trappes et qu'ils y seront soutenus et accompagnés. » La féminisation des noms de rues et des équipements municipaux, la formation de l'ensemble des agents du périscolaire et des agents d'accueil à la laïcité, et la mise en place d'une charte de la laïcité signée par toutes les associations de la ville demandant une subvention, le développement en partenariat avec l'Éducation nationale de cours de philosophie en primaire ou encore un travail conséquent pour développer un service de médiateurs et améliorer les relations entre population et police municipale : la municipalité s'engage sur tous les fronts pour tenter de recréer une dynamique positive dans la ville.

« Et puis, il y a tout le travail mené autour des cours d'écoles. » En charge de l'urbanisme, Thomas Urdy prend à bras-le-corps la question de la mixité à travers l'occupation de l'espace public. « L'espace public est le lieu du partage et de la mixité. Or, je me suis rendu compte que les filles, dès le plus jeune âge, s'excluaient d'elles-mêmes de certains espaces lorsque les garçons arrivaient, notamment dans les cours d'écoles ou les city stades. Nous avons donc décidé de les repenser totalement. D'autant plus que la cour d'école est au confluent de l'Éducation nationale, du périscolaire, des parents, des enfants, des Atsem, du cuisinier, du balayeur. Tout le monde y passe. » Urbanistes, élus, directeurs d'école, enseignants et élèves se mettent autour de la table. Exit les cours d'écoles organisées autour d'un terrain de foot central matérialisé par des bandes blanches au sol et monopolisé par les garçons, reléguant filles et garçons jugés « non conformes » – par exemple ceux en surpoids ou qui n'aiment simplement pas le foot – sur les côtés. Exit aussi les jeux de couleur genrés, « le rose princesse pour les filles et le bleu chevalier pour les garçons ». L'espace est repensé de manière à permettre la fluidité des mouvements et davantage d'interactions, sans monopole d'un groupe sur l'autre. Thomas Urdy me fait visiter la cour de l'école maternelle Michel-de-Montaigne : toboggan fuchsia, jeux sur ressorts et tourniquet sur une aire synthétique mauve fluo constellée d'étoiles et de planètes jaunes, bitume remplacé par des espaces verts. Rapidement, l'opération montre ses premiers effets positifs et des élus de Nanterre, Rennes, Clichy-sous-Bois ou encore Clermont-Ferrand souhaitent s'en inspirer. Invitée à commenter l'expérience trappiste, la géographe et spécialiste des questions d'égalité Édith Maruéjouls confirme, dans un entretien dans la presse[1], l'intérêt de l'initiative : « Les filles ne se sentent pas légitimes à occuper l'espace dans une cour de récréation, et celles qui intègrent que leur place n'est pas sur le terrain de football, c'est-à-dire sur l'espace central, consentent sans le vouloir à une forme de violence. Prendre sa place, ça s'apprend. Si vous ne la prenez pas dès le départ, vous êtes disqualifié. »

---

1. « Dans les cours de récréation, les filles sont invisibilisées », entretien avec la journaliste Cécile Bouanchaud, *Le Monde*, 16 septembre 2018.

« Le premier constat que nous avons pu dresser dans ces nouvelles cours, c'est que l'espace n'est plus segmenté comme il l'était auparavant. Filles et garçons sont partout, ajoute Thomas Urdy. Au point que ce sont maintenant les parents d'élèves dont les cours d'écoles n'ont pas encore fait l'objet de travaux qui viennent nous demander quand les réaménagements seront faits. C'est une vraie fierté pour nous. Arriver dans une ville comme Trappes avec un discours offensif ou trop militant sur la laïcité sera toujours un échec assuré, la certitude de braquer les habitants. En revanche, faire avancer la cause de la laïcité à travers la question de l'égalité et de la mixité sociale, c'est une manière de faire comprendre à ces jeunes filles, et à ces futures femmes, qu'aucun mètre carré dans l'espace public ne peut leur être interdit. Ni aujourd'hui dans la cour d'école, ni demain dans les rues de leur ville. C'est, au fond, un combat aussi formidablement féministe que laïque. »

11 juillet 2019. Bagnolet. Féministe et laïque, Marie-Laure Brossier l'est devenue passionnément. Pourtant, rien ne prédestinait cette communicante et directrice en conseil stratégique à s'engager pour défendre ces causes, et encore moins à porter un jour l'écharpe tricolore de la République. En 2008, elle quitte le 20ᵉ arrondissement de Paris pour s'installer avec sa famille à Bagnolet, de l'autre côté du périphérique, dans ce bastion rouge de 35 000 habitants en Seine-Saint-Denis. « J'étais à mille lieues de la politique et je menais la vie d'une Parisienne qui bosse

dans la com'. Mon quotidien était davantage ponctué par les afterworks entre jeunes branchés que par les réunions avec les vieux militants communistes du coin », rigole-t-elle. En 2012, c'est une banale affaire de bétonisation d'un espace vert d'un quartier voisin qui va changer la vie de Marie-Laure Brossier. La mairie, alors dirigée par le communiste Marc Everbecq, se braque, joue le pourrissement et refuse de recevoir les habitants. Remontés, ces derniers envahissent la salle du conseil municipal pour y lire un courrier de protestation. Marie-Laure Brossier accompagne ses voisins et découvre une ambiance chaotique. « C'était à peine croyable. Le maire, les élus d'opposition, les riverains : tout le monde hurlait. Les habitants comprenaient d'autant moins le refus du maire de leur laisser la parole qu'une disposition en vigueur dans la ville permet aux habitants de prendre la parole au conseil municipal pour interpeller directement leurs élus et porter leurs doléances. » Mais, davantage que la pagaille générale qui règne dans la salle de délibération des élus, c'est la présence de voyous proches de l'équipe en place qui va surtout heurter Marie-Laure Brossier et ses voisins. « Il y avait des boxeurs et des vigiles qui étaient présents pour faire pression si besoin », se souvient Marie-Laure. « Toi, tu vas fermer ta gueule, sinon ta mère ne va pas te reconnaître », glisse l'un d'eux à une manifestante qui se trouve juste devant elle. À la tête de cette petite milice, un agent municipal de la ville. Deux ans après ces incidents, il est arrêté pour possession de quarante kilos de cocaïne, d'argent liquide, de bijoux et d'une kalachnikov qu'il avait soigneusement entreposés dans… le garage municipal!

« En sortant de ce conseil, je me suis dit que ce n'était pas possible. Voir des femmes menacées par des caïds était insupportable », s'insurge la quinquagénaire, qui commence à s'intéresser de plus en plus sérieusement à l'état de sa ville, rejoignant dans la foulée une association citoyenne. « J'en étais restée à mes petits engagements de jeune mère de famille soucieuse des enjeux de l'école ou à me préoccuper du projet de rénovation de mon quartier et je découvrais brusquement la réalité d'une ville rongée par des maux infiniment plus graves : la déferlante communautariste, l'entrisme religieux, l'indigénisme en guerre contre tout ce qui représente l'État, l'instrumentalisation du conflit israélo-palestinien, les voyous qui œuvrent en toute impunité… Et tout ça, avec la complicité de certains élus du conseil municipal. »

En 2013, la ville finance un stage d'anglais de jeunes filles voilées ; le stage se déroule au Qatar. La même année, le 13 décembre 2013, Georges Ibrahim Abdallah, terroriste acquis à la cause palestinienne et condamné à trente ans de prison pour complicité d'assassinat de deux diplomates, est élevé au rang de citoyen d'honneur de la ville. La décision est finalement annulée par le tribunal de grande instance de Montreuil suite à une plainte du Bureau national de vigilance contre l'antisémitisme (BNVCA). Dans la foulée, une école coranique illégale s'installe dans des locaux municipaux. Quatre-vingts enfants y sont endoctrinés sans aucun agrément, ni surveillance, hors de tout cadre légal et sécuritaire. L'association Citoyenneté en actes, dans laquelle milite Marie-Laure Brossier, interpelle les élus municipaux et les instances ministérielles concernées. Sans réponse! C'est finalement la mobilisation des riverains qui finit par faire partir les occupants de l'école qui s'étaient installés dans des locaux appartenant à la mairie!

Les gymnases municipaux et le cinéma de la ville sont régulièrement mis à disposition de la fine fleur indigéniste et racialiste du 93. Les identitaires ont carte blanche pour y tenir des réunions durant lesquelles la France est, comme nous l'avons vu précédemment, accusée d'être un État structurellement raciste et islamophobe. C'est à l'occasion de l'un de ces raouts, « le Printemps des quartiers », que la dirigeante du Parti des indigènes de la République (PIR), Houria Bouteldja, déclarera : « Mohamed Merah, c'est moi! » Une grand-messe inaugurée par le maire de Bagnolet en personne. « Et sans parler des embauches faites au mépris des règles administratives, qui ont porté le nombre d'agents municipaux à près de 1 400… quand nous devrions "tourner" autour de 800 », ajoute l'élue.

Quelques semaines avant les élections municipales de mars 2014, le candidat socialiste à la mairie de la ville, intéressé par le profil « société civile » de Marie-Laure, lui propose de rejoindre sa future liste. « Ce que j'ai accepté. Promesse m'avait été faite que nous changerions tout ça, que nous mettrions en œuvre d'autres méthodes, en tournant la page.

Le challenge m'a portée. » Tony Di Martino arrache la ville aux communistes qui régnaient sur elle sans partage depuis quatre-vingt-deux ans. Marie-Laure se retrouve élue au conseil municipal, siégeant au sein de la nouvelle majorité municipale. Elle ne tarde pas à déchanter. Très vite, certains caciques locaux du PS, rompus aux manœuvres politiciennes et aux jeux de pouvoir, relèguent les élus moins expérimentés aux rangs de simples pions dont la mission est de lever mécaniquement la main au conseil municipal. Si Marie-Laure Brossier reconnaît des initiatives heureuses, comme la reprise d'un ambitieux plan de rénovation urbaine, elle sent que du chemin reste à parcourir sur l'engagement à remettre les valeurs de la République au cœur de l'action municipale.

Le 20 novembre 2014, à l'occasion d'une réunion du conseil communautaire de l'agglomération Est Ensemble débattant de l'avenir de la maternité des Lilas, un élu de Bagnolet, membre de la majorité municipale et converti à l'islam, Jimmy Parat, provoque un tollé en qualifiant l'interruption volontaire de grossesse (IVG) d'« acte barbare » et de « meurtre ». Sur les réseaux sociaux, le maire précise qu'il se « désolidarise complètement de ces propos » et rappelle l'élu à sa responsabilité, « mais on nous a quand même demandé de faire bloc, de ne pas en rajouter par nos déclarations et de faire le dos rond le temps que la polémique se calme », se souvient Marie-Laure Brossier, encore choquée. Les associations féministes comme Femmes solidaires se mobilisent sur la durée pour exiger la démission de l'élu. À chaque conseil municipal, des dizaines de femmes et d'hommes viennent protester. Jimmy Parat, lâché, finit par rejoindre les rangs de l'opposition au sein du parti Français & Musulmans.

Alors que la loi Taubira est votée depuis plusieurs mois, Marie-Laure Brossier est alertée, par une collègue, de l'existence d'une liste d'élus de la majorité refusant de célébrer des mariages de couples de même sexe au nom de leurs convictions religieuses. La jeune femme doit rappeler à ses collègues qu'un élu de la République ne saurait, dans l'exercice de son mandat, faire primer ses convictions religieuses sur la loi républicaine. Le maire, Tony Di Martino, proposera que ces élus ne célèbrent plus de mariages, malgré la loi qui prévoit, pourtant, des sanctions disciplinaires pour les officiers d'état civil récalcitrants à la célébration de ces unions[1].

Nouvelle montée au créneau lorsque l'une de ses collègues convoque une réunion du service de la communication pour travailler sur l'organisation d'une « Nuit du ramadan » à l'initiative de la municipalité. Avec l'aide du directeur de cabinet de la ville, Marie-Laure Brossier parvient à faire échouer la proposition « dans l'œuf ». « Ce qui était d'autant plus délirant dans cette affaire, c'est que les musulmans de Bagnolet n'avaient rien demandé. Nous n'avons même

---

1. Tony Di Martino a été contacté le 26 août 2019 et n'a pas donné suite à nos sollicitations.

plus à attendre les pressions religieuses, nous les satis-faisons avant même qu'elles ne s'expriment. En pié-tinant allégrement le principe de laïcité au passage. »

Mais c'est sur le dossier de la vente du terrain de la Grande Mosquée de Bagnolet que la jeune élue va mener l'un de ses plus grands combats. En mai 2005, la précédente municipalité signe un bail emphytéo-tique avec l'Association de bienfaisance et de fraternité de Bagnolet (ABFB), qui prévoit la mise à disposition d'un terrain municipal à l'euro symbolique, pour une durée de soixante-trois ans. L'association y entre-prend la construction de l'une des plus grandes mos-quées de France, qui sort de terre cinq ans plus tard. L'imposant édifice, d'une surface de 1 000 mètres carrés et d'une capacité d'accueil de 1 800 personnes, surplombe le boulevard périphérique du côté de la porte de Bagnolet et se distingue par un minaret haut de quinze mètres. L'opération se chiffre à plus de deux millions d'euros, ce qui soulève de premières interro-gations dans la commune quant à la capacité d'une association à réunir une telle somme.

Cette mosquée, la maire du 20e arrondissement de Paris (et cofondatrice du Printemps républicain), Frédérique Calandra, s'en souvient très bien[1]. « J'étais élue depuis quelques mois seulement en 2008 quand le maire de Bagnolet a demandé à me rencontrer pour me parler de cette mosquée. Ce qui a constitué une première surprise pour moi puisque j'avais cherché à

---

1. Entretien en date du 8 juillet 2019.

le joindre régulièrement depuis mon installation pour évoquer avec lui des problèmes de circulation ou de propreté communs à mon arrondissement et à sa ville et qu'il ne m'avait jamais répondu. » Durant l'entretien, on lui annonce l'ouverture de la mosquée deux semaines plus tard. En rajoutant que le parvis du lieu de culte se trouvant sur la voirie de la ville de Paris, c'est à cette dernière d'assumer le coût financier des aménagements nécessaires en vue de l'ouverture. « Je suis tombée des nues, se souvient Calandra. À Bagnolet, on ne semblait même pas voir le problème qui consistait à me prévenir deux semaines avant de l'ouverture d'une mosquée de près de 2 000 fidèles aux portes de l'arrondissement. Et surtout, que nous devrions assumer des investissements publics en vue de cette ouverture. » La Ville de Paris se retrouve prise au piège. « D'un côté, nous étions scandalisés par le procédé. Mais, de l'autre, ne pas réaliser ces aménagements, c'était prendre le risque que des fidèles soient fauchés par des automobilistes en sortant de la mosquée. La préservation de la sécurité des personnes l'a emporté sur le reste et c'était bien normal. » La Ville de Paris réalise en urgence les aménagements nécessaires.

Inaugurée, la mosquée s'installe dans le paysage et ne fait plus parler d'elle. Au scrutin municipal suivant, Marc Everbecq[1] est battu et Tony Di Martino s'installe dans son fauteuil.

---

1. Contacté le 7 septembre 2019, Marc Everbecq n'a pas donné suite à nos sollicitations.

« Nous aurions pu en rester là, dit Marie-Laure Brossier. Mais, mi-2016, la rumeur de la vente du terrain a poussé l'association Citoyenneté en actes à écrire au nouveau maire. Il confirmera par écrit que les Domaines ont fait une estimation du terrain, mais n'en dira pas plus et bottera en touche en expliquant que c'est le maire précédent qui s'y était engagé. Malgré les relances, il refusera de donner suite à nos questions. »

Le 11 avril 2019, à l'occasion du conseil municipal, la délibération n° 10 intitulée « cession d'un bien communal au profit de l'Association de bienfaisance et de fraternité de Bagnolet[1] » est présentée au vote des élus. Elle prévoit la vente du terrain avec un premier versement de 700 000 euros par l'association, puis le solde, soit 250 000 euros, en mensualités à taux zéro étalées sur quarante-huit mois. Soutenue par deux collègues, Marie-Laure Brossier prend la parole et s'insurge aussi bien contre l'empressement à faire voter cette vente qui sort du chapeau au dernier moment, que contre l'opacité entourant selon elle la délibération. Le dossier de vente n'a pas été présenté en commission comme cela est généralement le cas pour les cessions communales. Rien d'illégal, certes, mais de fait, les élus n'ont pas pu poser les questions et solliciter les documents qui auraient permis une étude sereine et transparente. Aucune information complémentaire ne sera fournie

---

1. Contactés par mail en date du 14 septembre 2019, les dirigeants de l'ABFB n'ont pas donné suite à nos sollicitations.

pour compléter la délibération, ni documents administratifs ou légaux pour en savoir plus sur l'acquéreur, les membres de l'association, ou encore les sources de financement. « La mosquée peut continuer son activité sans problème et il n'y a aucun caractère d'urgence puisque le bail offre encore cinquante années de jouissance du terrain ! » déclare la conseillère municipale. Durant la séance, son collègue adjoint aux affaires scolaires, El Miloud Kanfoudi, balaye d'un revers de main ces demandes de précisions et l'accuse de stigmatiser des populations qui n'ont pas les mêmes origines qu'elle. Le procédé est aussi usé que la ficelle est grosse ! Mener tous ces combats vaut à Marie-Laure Brossier des rancunes tenaces, à commencer par celle de Youcef Brakni, un militant local proche des mouvements indigénistes, qui accusera, à tort, l'élue d'avoir comparé les musulmans de Bagnolet à des islamo-nazis. Elle porte plainte auprès de la 17e chambre de Paris et, après trois années de procédure judiciaire, gagne en appel, puis en cassation. Brakni est condamné à lui verser des dommages et intérêts. « C'est épuisant, mais je suis déterminée à ne rien lâcher. » Ainsi va la vie dans certaines communes, qui illustrent avec éclat le slogan rapporté par les journalistes Gérard Davet et Fabrice Lhomme dans leur livre *Inch'Allah*[1] et qui circule lors des campagnes électorales en Seine-Saint-Denis : « Une mosquée, trois mandats ! »

---

1. Sous la direction de Gérard Davet et Fabrice Lhomme, *Inch'Allah : l'islamisation à visage découvert*, Fayard, 2018.

La République vous rattrapera!

Et maintenant que tous ces constats sont dressés, que faire? Nous venons de le voir, la situation est à ce point gangrenée dans certains territoires, les pratiques antirépublicaines tellement ancrées dans certains quartiers, pratiques et situations niées ou minimisées par des discours politiques, médiatiques ou universitaires irresponsables, qu'il va falloir frapper un grand coup. Je ne crois plus aux demi-mesures. Face à certains élus locaux corrompus, face à ceux qui ont pactisé avec les voyous, les salafistes et les représentants communautaires, face à ceux pour qui l'idéal républicain ne vaut plus rien quand approche une élection, lorsque Juifs, femmes ou homosexuels sont contraints d'éviter ou de quitter certains territoires, c'est à la République de reprendre la main. Fermement. Ainsi, je propose la mise sous tutelle par l'État de certains territoires et quartiers rongés par la violence et le communautarisme. Ce dispositif existe déjà pour les collectivités rencontrant de graves difficultés dans l'exécution de leur budget; ce sont alors les préfets et leurs équipes qui prennent la main pour une période donnée, le temps de redresser les comptes et de prendre les décisions qui s'imposent pour remettre la collectivité à flot. Ce qui est possible pour les budgets doit l'être pour les principes républicains. Il reviendra le moment venu au législateur de définir une liste de critères précis, pouvant par exemple être liés au taux de pauvreté, au décrochage scolaire, à la délinquance, aux agressions antisémites ou homophobes, permettant ainsi la mise sous tutelle républicaine d'un territoire, tutelle qui sera proposée et motivée par les préfets, puis prononcée en Conseil des ministres, évitant ainsi les abus et assurant à cette mesure de garder son caractère exceptionnel. J'entends déjà certains de mes collègues élus hurler au déni de démocratie, au diktat de l'État sur les collectivités locales, à la tyrannie des préfets et des énarques contre la légitimité du suffrage universel ; qu'ils restent fidèles aux principes républicains et ils n'auront rien à craindre. Mais ceux qui depuis des années se vautrent dans le clientélisme, comme à Bagnolet ou Bobigny, doivent savoir que le temps de l'impunité est révolu ! Qu'ils continuent à se fourvoyer, et la République les rattrapera !

Je crois d'autant plus à l'utilité de cette mesure, car je sais que préfets et fonctionnaires se moquent bien de leur popularité et du calendrier électoral et sont, dans bien des cas, les seuls à pouvoir assumer les décisions les plus urgentes et les plus impopulaires.

Mais la réponse ne saurait être que dans la contrainte. Je n'oublie pas Thomas Urdy et les milliers d'élus locaux de banlieues, majoritaires j'en suis convaincu, qui s'investissent avec passion et sincérité dans leur mandat et qui se sentent parfois délaissés par l'État. Pas plus que je n'oublie les habitants de nos quartiers populaires, et notamment les plus jeunes, qui constituent l'un des plus grands défis pour notre pays. Pour eux, la réponse doit être aussi forte qu'ambitieuse!

Les jugements portés sur la politique de la ville sont souvent aussi excessifs que caricaturaux : combien de fois ai-je entendu, dans des réunions, des élus du Rassemblement national pérorer avec des airs de sachants sur les « milliards déversés en vain », « l'achat de la paix sociale » à coups de « politique des grands frères » ? En réalité, les moyens accordés à ces quartiers sont relativement modestes, y compris en cumulant les crédits spécifiques ou les personnels supplémentaires qui y sont mobilisés.

De même, la réalité de ces quartiers est bien plus complexe et plus diverse que ce que l'opinion publique en retient parfois, notamment en raison de représentations caricaturales et polémiques, qui vont des « no-go zones » décrites comme des coupe-gorge par les uns à une vision mièvre et enchantée du dynamisme d'une jeunesse présentée comme « une chance pour la France » par des acteurs politiques et associatifs qui, au prétexte louable de refuser toute stigmatisation, versent dans une démagogie certaine. Qu'ils soient excessivement pessimistes ou exagérément flatteurs, les portraits des quartiers prioritaires de la politique de la ville (QPV)[1]

---

1. Selon la dernière dénomination administrative datant de 2014.

oublient presque toujours de différencier les territoires de leurs habitants, négligeant de ce fait un facteur décisif pour juger de l'évolution de ces quartiers : la mobilité, à la fois sociale et territoriale. Accueillant une forte proportion de jeunes ménages d'origine étrangère, notamment en Île-de-France, qui abrite 40 % des immigrés, les QPV sont pour beaucoup un point de départ, une première étape dans la vie ; 12 % des ménages quittent ces quartiers chaque année, ce qui correspond à la moyenne nationale en termes de mobilité. Le problème, c'est qu'ils sont systématiquement remplacés par des ménages pauvres. C'est là la principale explication de la stagnation des quartiers, en dépit des moyens publics mobilisés.

Une étude[1] réalisée en octobre 2018 par le Commissariat général à l'égalité des territoires le révélait crûment : sur la centaine de territoires identifiés en 1977 comme présentant un cumul de handicaps, 90 % sont encore en géographie prioritaire aujourd'hui. Pire, estiment les auteurs de l'étude, la moitié de ces territoires présentent des facteurs d'enfermement et de décrochage, qu'il s'agisse des résultats scolaires, des indicateurs de pauvreté ou encore de la délinquance. Même si nul ne sait ce que ces quartiers seraient devenus sans la politique de la ville, la persistance des handicaps, voire, dans plusieurs cas, l'aggravation des difficultés, explique largement la lassitude et l'abattement des habitants ; plus encore, l'incapacité des pou-

---

1. Commissariat général à l'égalité des territoires, « Le devenir des quartiers Habitat Vie Sociale », 2018.

voirs publics à transformer la donne en profondeur entretient un sentiment d'impuissance qui tourne vite à la colère contre des promesses régulièrement renouvelées et jamais vraiment tenues. Plus que sur n'importe quel autre terrain, la fatalité des « quartiers » signe l'échec du politique à améliorer la vie des gens et à agir concrètement sur le réel. Comment s'étonner dès lors que leurs habitants se détournent massivement des urnes et considèrent les politiques comme de beaux parleurs incompétents, des vendeurs de rêves qu'ils sont bien incapables de transformer en réalités, quand ils ne se mettent pas eux-mêmes à entériner l'enfermement communautaire, par un clientélisme inspiré d'arrière-pensées électorales? Comment ne pas donner crédit à tous ces jeunes qui, sans tomber dans un discours victimaire militant, ont parfois le sentiment de ne pas être traités comme les autres, de partir dans la vie avec des handicaps plus lourds et des obstacles plus grands? Il faut tendre l'oreille à ces inquiétudes et leur apporter des réponses.

Le constat est sans appel ; les pouvoirs publics n'ont pas été en mesure de renverser la vapeur ni de lutter efficacement contre les deux fléaux structurels des quartiers populaires que sont la pauvreté et l'insécurité. La pauvreté d'abord : là où le taux de pauvreté, selon la définition qu'en retient l'Insee[1], est de 14 % pour l'ensemble du territoire national, il s'élève à plus

---

1. L'Insee retient généralement comme critère un revenu disponible par ménage de moins de 60 % de la médiane nationale.

de 37 % dans les quartiers populaires, ce qui signifie que plus d'une famille sur trois y vit avec moins de 1 000 € par mois. Et encore ce chiffre masque-t-il des situations bien plus dramatiques : ainsi le taux de pauvreté dans les QPV de la région Occitanie dépasse les 48 %, culminant à 68 % dans le quartier de Pissevin-Valdegour, à Nîmes. Des situations analogues se rencontrent dans les Hauts-de-France, en région parisienne ou dans le Grand Est. Ce sont des familles entières qui tirent tous leurs revenus des prestations sociales et dans lesquelles, sur deux ou trois générations, aucun membre n'a occupé un emploi stable. Cette pauvreté a de nombreuses répercussions sur le plan sanitaire mais aussi éducatif : globalement, le différentiel de réussite au brevet est de l'ordre de 10 points par rapport à la moyenne nationale. À Grigny, dans le département de l'Essonne, le taux de réussite au bac stagne autour de 50 %, lorsqu'il dépasse largement 80 % au niveau national.

Le deuxième fléau structurel des quartiers est l'insécurité. Si l'opinion publique retient surtout les images d'émeutes, comme celles de novembre 2005, et les « traditionnelles » voitures brûlées du 31 décembre, c'est principalement l'insécurité du quotidien qui pourrit la vie des habitants des quartiers populaires. En 2018, 26 % des habitants de ces quartiers disaient se sentir en insécurité, contre 10 % pour les habitants hors QPV[1].

---

1. Enquête « Cadre de vie et sécurité 2018 », ministère de l'Intérieur.

L'enquête de victimation réalisée chaque année par le ministère de l'Intérieur, qui a pour objectif d'évaluer et de décrire les infractions dont sont victimes ménages et individus, révèle en outre qu'ils sont deux fois plus exposés à des actes de vandalisme contre leur logement (4,4 % contre 2,1 %) ou contre leur véhicule (9,6 % contre 4,9 %) que dans les autres territoires. Cela explique que 19 % des habitants des QPV disent avoir renoncé au moins une fois dans l'année à sortir de chez eux pour des raisons de sécurité, contre 10 % ailleurs, et que 25 % d'entre eux considèrent que la délinquance est le problème le plus important dans leur territoire, quand ils ne sont que 9 % hors QPV. Cela démontre à quel point est décalé le discours de minimisation de cette insécurité tenu au sein d'une partie de la gauche et assez répandu dans la presse, au nom du refus de la stigmatisation. Être de gauche, vouloir défendre les classes populaires, c'est aussi assumer sans réserve un discours offensif sur l'ordre et la sécurité, et je rejette cette pudeur sur la réalité délinquante des quartiers dictée par l'idée que tout discours sur l'insécurité ferait de vous un cheval de Troie de la droite ou de l'extrême droite. La réalité, c'est que les immigrés et descendants d'immigrés sont les premiers à se plaindre de l'insécurité : 15 % des immigrés (QPV et hors QPV) et 13 % des descendants d'immigrés considèrent que l'insécurité est le problème numéro 1 de leur quartier. Ils ne sont que 9 % chez les descendants de Français. Voilà un constat que certains « progressistes », ou prétendus tels, seraient bien inspirés de prendre en compte, plutôt que de parler sans cesse à la place des habitants des quartiers populaires, dans lesquels ils ne mettent jamais les pieds !

D'autant que deux phénomènes ont aggravé et fait changer de dimension l'insécurité des quartiers : d'une part, la prolifération des armes à feu, donnant lieu, dans le cadre de la lutte pour le contrôle du marché de la drogue, à une exacerbation de la violence et à la multiplication des règlements de comptes à Marseille, en Guadeloupe, à Toulouse et désormais dans des villes qu'on pensait épargnées, comme Nantes. D'autre part, la radicalisation islamiste, qui, si elle ne provoque pas par elle-même de comportements délinquants ou criminels dans ces territoires, fait régner un climat de surveillance et de suspicion de plus en plus pesant, provoquant la fuite des ménages les mieux insérés – y compris les familles musulmanes qui redoutent l'embrigadement de leurs enfants – et organisant une ghettoïsation par la normalisation des pratiques vestimentaires et la pénétration dans le maigre tissu commercial, comme cela s'est produit à Trappes par exemple. C'est ainsi que la ghettoïsation sociale déjà à l'œuvre depuis bien longtemps, et à laquelle les pouvoirs publics n'ont pas su remédier, s'est peu à peu transformée en une ghettoïsation ethno-religieuse, créant les conditions favorables à l'instauration d'une forme de société parallèle vivant selon ses propres codes. Une entente discrète, tacite la plupart du temps, explicite quelquefois, permet aux trafiquants de drogue et aux prédicateurs religieux de se partager le travail, les uns ayant besoin d'un havre pour le business, les autres pour contrôler les âmes.

Avoir laissé de tels ghettos se constituer est une immense tache d'infamie pour la République. Malgré leurs excès ou, pour certaines, leurs arrière-pensées, les associations de terrain n'ont pas tort d'affirmer que les pouvoirs publics n'ont pas tiré les leçons des émeutes de 2005 et ont laissé la situation se dégrader. De comités interministériels en plans d'action, l'on a surtout habillé l'impuissance, et pire, l'indifférence publique, par des artifices de communication et un saupoudrage de moyens à mille lieues des enjeux. D'autant que, pendant ce temps, une vaste réforme technocratique à finalité essentiellement budgétaire, la RGPP (révision générale des politiques publiques) et sa déclinaison territoriale, la RéATE (réforme de l'administration territoriale de l'État), entraînait une désorganisation et une érosion des moyens sans précédent dont les quartiers prioritaires allaient être les premières victimes. Car non contente de casser des administrations de terrain pour produire des fusions bureaucratiques entre services, entraînant une perte de compétences hautement préjudiciable à l'État, la RéATE s'est surtout traduite par une réduction des postes très significative sur le plan national : 80 000 postes supprimés dans l'Éducation nationale, 13 000 dans la police et la gendarmerie, durant le quinquennat de Nicolas Sarkozy. Les quartiers populaires ont été heurtés de plein fouet par cette politique : territoires de première affectation des jeunes fonctionnaires, ils ont été les premiers à subir le tarissement des sorties d'école. Si l'on ajoute à cela le fait que cette politique a été conduite au moment où la crise financière de 2008 aggravait considérablement la situation des ménages des quartiers populaires, on comprend vite pourquoi non seulement la situation des quartiers ne s'est pas stabilisée, mais s'est profondément détériorée depuis dix ans. Le thème du désengagement de l'État n'est donc pas un mythe, mais une réalité matérialisée par une moindre présence de terrain.

On aurait pu espérer de la gauche une action plus audacieuse en faveur de ces territoires. C'était d'ailleurs l'un des axes forts du programme du candidat Hollande. Or, en dépit des recrutements dans l'Éducation nationale et dans la police et d'un retour à une logique de territorialisation en matière de sécurité, les progrès, modestes, ont été complètement occultés par les problématiques nouvelles – violence armée et radicalisation –, sans que les anciennes aient trouvé de solutions pérennes.

Est-on donc condamnés à la fatalité? Je ne le crois pas. Nous le serions si nous avions tout essayé. L'expérience de ces territoires et la vision qui est la mienne des politiques qui y ont été conduites me font penser qu'en réalité nous n'avons pas encore essayé grand-chose, en tout cas pas assez, faute d'ambition, faute de volonté, faute surtout d'une stratégie claire et d'une action déterminée.

Les politiques en faveur des quartiers prioritaires souffrent à la fois de leurs contradictions (on réinvente sans cesse des zonages, on invente des dispositifs, on débloque des enveloppes, mais dans le même temps on ferme des services publics et on supprime des postes de fonctionnaires), de leur timidité (les crédits destinés à l'accompagnement social et éducatif stagnent sur la longue période, autour de 400 millions d'euros pour une population cible de 5,5 millions de citoyens, soit… 80 euros par personne et par an), et par-dessus tout de leur dispersion : cela fait quarante ans qu'on prétend « rationaliser » la politique de la ville et concentrer ses moyens, mais en réalité on n'a cessé d'entériner l'éparpillement, au gré des interventions politiques locales notamment. Ainsi, si le gouvernement Valls s'est félicité, fin 2014, d'avoir réduit la liste des QPV à 1500, contre 2500 auparavant, c'est toujours deux fois plus que les 700 et quelques « ZUS » (zones urbaines sensibles) qui ont pendant très longtemps servi de base territoriale aux contrats de ville. Évidemment, il serait injuste de dire que la majorité de ces 1500 territoires vivent bien et ne méritent pas d'intervention particulière ; il n'empêche qu'à trop embrasser, on se prive de la possibilité de mener une action décisive et d'ampleur dans les quartiers où toutes, absolument toutes les difficultés sont concentrées, où la pauvreté est aussi endémique que la violence, et où dealers et prédicateurs règnent au mépris de l'ordre républicain.

Mais tout de même : n'y a-t-il pas, en France, parmi tant de territoires qui souffrent, où vivent tant de Français qui ne s'en sortent pas ou très difficilement, n'y en a-t-il pas certains qui, plus que d'autres, accumulent des handicaps tels – et des stigmates, pour le coup, bien réels – qu'il leur est impossible de s'en sortir ? Que peut-on faire pour Clichy-sous-Bois ? Pour Grigny, pour Valdegour, pour le cœur de Perpignan, pour la Reynerie à Toulouse, le Petit Bard à Montpellier, pour les Jardins de l'Empereur à Ajaccio et l'Ariane à Nice ; pour les Provinces françaises à Maubeuge, pour Saint-Jean à Avignon, pour les Abymes à Pointe-à-Pitre, et bien d'autres quartiers encore ? Outre la mise sous tutelle dans les cas les plus graves, que faire sur le long terme ?

Sur les 1 500 quartiers en géographie prioritaire, nous franchirions un pas extraordinaire, et décisif, si nous parvenions à infléchir la tendance pour ne serait-ce que 10 % d'entre eux. Même pas : si nous étions capables de démontrer que les politiques savent agir efficacement en faveur de 50 à 80 quartiers, alors le regard que les habitants porteraient, et que nous porterions tous, sur l'aptitude du politique à agir en serait profondément transformé.

Faisons donc le contraire de ce qui a été entrepris jusqu'à présent : plutôt que de distribuer un peu à beaucoup, intervenons massivement sur quelques territoires particulièrement difficiles. Cela suppose certes des moyens nouveaux et exceptionnels, mais plus encore cela implique un changement de paradigme.

Pour commencer, il faut absolument revoir de fond en comble la gouvernance publique locale. Aujourd'hui, les responsabilités d'un territoire sont complètement morcelées. Du côté des collectivités locales, ce sont désormais les agglomérations qui sont compétentes pour la politique de la ville ; c'est un progrès notable, car elles peuvent dégager des moyens nouveaux, apporter de la matière grise sur le terrain et surtout conduire des politiques sociales et d'habitat à l'échelle d'un bassin de vie assez large, mais c'est aussi une réduction du pouvoir communal qui porte préjudice au maire, premier et irremplaçable responsable de la gestion de proximité. En plus des communes et des agglomérations, les départements et les régions interviennent aussi. Du côté de l'État, l'unité est une fiction : le préfet n'a la main que sur les forces de l'ordre, des directions interministérielles au personnel réduit et des crédits « politique de la ville » et « prévention de la délinquance » chichement alloués. En matière éducative, c'est le recteur qui décide ; en matière financière, c'est le directeur des finances publiques ; en matière sanitaire, c'est l'Agence régionale de santé. L'État territorial est coupé en quatre, et encore : la Caisse des dépôts, les grandes entreprises publiques comme la SNCF ou la RATP, ne répondent qu'à leurs sièges parisiens. Quant aux organismes de sécurité sociale comme la CAF ou les bailleurs sociaux, ils suivent également leur logique propre. Organiser et mettre en cohérence tant de donneurs d'ordre, tant de systèmes particuliers, tant de priorités spécifiques à chaque acteur, sans même parler des contingences politiques, tout cela relève de l'exploit. Le plus étonnant est que ce système incroyablement complexe, complètement incompréhensible pour le citoyen, arrive tout de même à produire quelques résultats...

Mais clairement, pour mener la guerre à la ségrégation, à la radicalisation, au crime organisé et aux grandes inégalités, ce système n'est pas à la hauteur.

Il faut donc envisager, au moins pour les territoires les plus en souffrance, et pour un temps donné, une politique extraordinaire, propre à régler des situations extraordinaires.

Comment s'y prendre? D'abord identifier les territoires cibles. Je l'ai dit, 50 à 80 territoires sur lesquels une action massive est engagée, c'est bien suffisant, au moins dans un premier temps. Ensuite, créer un cadre de gouvernance qui n'existe pas : celui où, de la conception à l'exécution en passant par la prise de décision, les délais soient ramenés en mois là où on les compte en années, en semaines là où s'écoulent des mois, et en jours à la place des semaines. Il faut diviser par dix le temps de réalisation dans tous les domaines. Cela implique de réduire les délais légaux sur toutes les procédures administratives : délais de consultation, délais de recours... Mais aussi de mettre en place les équipes et les structures de décision à même d'instruire et de mettre en œuvre de telles procédures. La démocratie et la transparence y perdraient? Au contraire : en confiant à des commissions citoyennes permanentes le soin de prendre connaissance et de rendre publiquement leur avis sur les décisions et les réalisations en cours, on créerait une structure de contrôle et de compte rendu en temps réel. Les contrôles juridictionnels, qui connaissent déjà les procédures d'urgence, pourraient eux aussi s'exercer dans des délais rapides, n'excédant jamais quelques jours.

Il faut aussi toucher à la gouvernance : l'État ne peut pas être coupé en quatre, ni chaque niveau de collectivité attendre que les autres se décident pour prendre à son tour position. Il faut un chef de file, auquel les autres donnent une pleine délégation de pouvoir pour un temps et sur un objet préalablement négociés. Au terme de cette logique, on peut tout à fait envisager que des compétences des collectivités locales soient provisoirement confiées au préfet, mais à l'inverse on peut très bien concevoir que certaines compétences d'État soient totalement déléguées au maire ou au président de l'agglomération. Pour sortir des chamailleries ou des lenteurs institutionnelles, seul le pragmatisme importe, seul l'objectif et le résultat doivent dicter les décisions, du moment que les administrations parisiennes, toujours avides de faire valoir un point de vue particulier sur des territoires qu'elles ne connaissent pas, se contentent de faire ce qu'elles savent faire : dégager des ressources et accélérer les procédures. Là aussi, c'est possible si on accepte de déroger, pour un temps donné, au droit commun de la fonction publique, par exemple en payant deux fois plus les enseignants et les policiers, afin de faire venir des personnels expérimentés là où on en a le plus besoin. Dans un nombre limité de secteurs, une montée en charge franche des effectifs d'agents publics permettrait là encore de changer la donne : il s'agit au fond d'étendre le principe du dédoublement des classes de CP/CE1 mis en œuvre par le ministre de l'Éducation nationale Jean-Michel Blanquer – l'une des meilleures mesures de politique publique qui aient été prises ces dernières années – à l'ensemble des classes, jusqu'au bac, et de s'en inspirer dans d'autres domaines comme celui de la formation profession-nelle et la recherche d'emploi. Enfin, priorité doit être donnée au désenclavement. Il n'est pas que physique : nombre de quartiers prioritaires de Seine-Saint-Denis sont très bien reliés au centre de Paris. En revanche, même si elles commencent à apparaître, les possibilités d'affecter des élèves de réseaux d'éducation prioritaire (REP/REP+) dans des établissements plus prestigieux de centre-ville, en pratiquant ce que les Américains appellent le « busing », sont encore trop limitées. De telles initiatives méritent d'être encouragées et, après évaluation, étendues si les résultats sont probants.

Ce ne sont là que quelques pistes, dont tous les éléments peuvent et doivent être débattus. À l'inverse des plans-catalogues qui prétendent à une impossible exhaustivité, il faudrait idéalement s'en tenir à quelques objectifs simples et lisibles par tous. Mais si nous par-venions, en trois à cinq ans, à faire mentir le destin et à renverser les pronostics dans 50 à 80 quartiers ; si nous arrivions à faire simultanément baisser le taux de chô-mage et le taux de criminalité, à faire remonter les taux de réussite au brevet et au bac, à décourager les dealers et les prédicateurs et même à convaincre des familles stables de rester, alors l'exemple, fût-il d'ampleur modeste à l'échelle du pays, convaincra que le politique peut triompher de la fatalité lorsqu'une volonté ferme et une vision claire des problèmes se manifestent parmi les principaux responsables. Ce changement-là serait un grand pas dans la reconquête républicaine dont la France a besoin.

À la jeunesse : la République vous portera!

Relever ce défi du devenir des quartiers populaires suppose, par ailleurs, d'engager un échange franc et direct avec ceux qui y vivent, et notamment les plus jeunes. Les convaincre de rejeter les discours victimaires et de croire pleinement dans leur avenir et dans la place qui leur revient dans notre pays suppose de lancer une mobilisation sans précédent contre les injustices et la reproduction des inégalités sociales qui les frappent de plein fouet. À Trappes, Bagnolet, Saint-Denis, chez moi à Avignon et partout ailleurs, l'État et les pouvoirs publics portent une responsabilité que rien ne doit dédouaner dans les difficultés que ce livre retrace. Et je sais aussi – comment pourrais-je l'ignorer ? – que si le racisme systémique et l'islamophobie d'État sont des mirages destinés à occuper les soirées de révolutionnaires de salon et d'antiracistes communautaires, il y a dans notre pays tous les jours des propos et des actes racistes qui visent Noirs et Arabes, musulmans et habitants de nos quartiers. Il faut les affronter avec énergie. Prétendre défendre la laïcité et les principes républicains en niant cette évidence relève de l'absurde.

Et je crois qu'en ce domaine, comme dans bien d'autres, c'est une fois de plus à l'État d'assumer sa responsabilité, celle de corriger les inégalités que des origines sociales et des parcours de vie peuvent installer. Ainsi, le premier rapport au monde du travail se joue chaque année pour des centaines de milliers de collégiens à travers le stage de troisième. Obligatoire, d'une durée de trois à cinq jours, conventionné et non rétribué, il se déroule durant l'année, hors vacances scolaires, et permet aux élèves de découvrir le monde économique et professionnel, de se confronter aux réalités concrètes du travail et de préciser leur projet d'orientation. Pour l'avoir vécu sur le terrain dans ma ville, se joue là un moment clé. Les enfants issus des classes moyennes et des catégories supérieures parviennent sans difficultés, avec l'appui du carnet d'adresses parental, à décrocher des stages valorisants, parfois même prestigieux, dans tous les cas susceptibles de faire émerger une vocation et un intérêt. Leurs établissements scolaires étant souvent situés dans des bassins d'emplois riches et diversifiés, les familles disposent d'un panel de choix étendu ; la recherche de stage relève alors de la simple formalité. Pour d'autres, enfants de nos quartiers populaires, élèves de collèges situés dans les REP, l'affaire vire le plus souvent au casse-tête. Devant se débrouiller par eux-mêmes, n'ayant pas les codes et les réseaux nécessaires, ils essuient les refus à la chaîne et finissent par décrocher des stages dans les kebabs et salons de coiffure tenus par des membres de la famille ou des amis au sein même du quartier. Précisons d'emblée qu'il n'y a rien de déshonorant, bien au contraire, à s'intéresser et à projeter son avenir professionnel dans les métiers de la coiffure ou de la restauration, à condition que ce choix ne soit pas un choix par défaut. Or, par défaut, il l'est dans bien trop de cas. La sociologue Aude Kerivel, qui a conduit une étude[1] sur le sujet dans les Yvelines, département marqué par la présence de collèges très élitistes et d'autres beaucoup plus défavorisés, explique que 40 % des élèves en REP ne font pas le stage de leur choix. Ce qui est d'autant plus problématique que nombre d'entre eux seront orientés vers des filières professionnelles après la troisième, quand les autres rejoindront les filières générales des lycées. Dans une tribune[2] publiée le 4 février 2019 dans *Le Monde*, le professeur d'histoire-géographie Iannis Roder explique que ces stages ont aussi pour vocation « de permettre à ces jeunes de changer d'espace, de quitter leur territoire et de leur faire découvrir autre chose que le monde dans lequel ils évoluent au quotidien », ajoutant : « Le stage de 3ᵉ, premier pas des collégiens dans le monde du travail, est déjà un défi à l'égalité des chances. Les expériences qui font rêver

---

1. Aude Kerivel, Corentin Charbonnier, Angelina Etiemble, Omar Zanna, « Le stage en classe de troisième au collège : rapport sur la mise en évidence de discriminations envers les jeunes », Injep, 2016.
2. Iannis Roder, « Les stages de 3ᵉ restent le reflet des inégalités territoriales et sociales », *Le Monde*, 4 février 2019.

les élèves – dans les grands groupes, les start-up innovantes, les professions libérales, les médias... – sont accaparées par les élèves "pistonnés". Les autres, sans réseau familial, se contentent de la première réponse venue, quitte à se tourner les pouces le temps du stage sans rien en tirer pour la suite. » Non seulement l'élève ne tire alors aucun bénéfice pour sa future carrière professionnelle, mais la logique de l'entre-soi qui devait être rompue en lui permettant de lui faire découvrir des horizons inconnus ne l'est pas. Double échec. Le stage de troisième est souvent la première expérience d'une inégalité adressée directement à soi-même et non pas seulement liée à l'origine sociale de sa famille ou à la localisation de son quartier ; ce moment de honte intime où le discours républicain tenu à l'école sur la réussite par le mérite se brise sur la réalité du devenir professionnel : les bons métiers, c'est pour les autres...

Certes, une initiative lancée par deux journalistes et une enseignante s'est donné pour objectif d'apporter une réponse à ce problème. Le site Internet Viensvoirmontaf.fr permet de mettre en relation des collégiens de quartiers défavorisés et des entreprises volontaires prêtes à les accueillir. Dans sa tribune dans *Le Monde*, Iannis Roder rapporte le témoignage de Tasnim, 14 ans, qui rêve de devenir avocate, « comme dans les séries ». Faute de contacts, elle se tourne vers sa boulangerie. C'est vers sa fleuriste de cousine que s'est quant à lui tourné Sabri, 16 ans, dont le jugement porté sur l'expérience est sans appel : « C'était nul ! » Ou encore Shanice, qui s'est retrouvée à ranger des produits dans le rayon d'un supermarché pendant une semaine alors qu'elle aurait préféré se tourner vers un studio d'enregistrement ou une boutique d'esthétique pour « se renseigner sur des métiers [qu'elle veut] vraiment faire ». Tous ces témoignages, rassemblés sur le site Viensvoirmontaf et rapportés par l'enseignant résument bien l'utilité de cette plateforme associative. Par ailleurs, certaines collectivités intègrent déjà dans leurs marchés publics des clauses imposant aux entreprises candidates à l'obtention de ces marchés de prendre leurs dispositions afin d'accueillir un ou plusieurs stagiaires de troisième.

Mais la République ne saurait laisser une association et des initiatives isolées répondre à un défi qui concerne l'ensemble de son territoire et qui interroge la réalité de la promesse d'égalité qu'elle prétend incarner depuis toujours.

Les collectivités territoriales signent chaque année des conventions financières avec des structures culturelles, des clubs sportifs, des associations en tous genres : pourquoi ne pas imaginer que la signature de ces conventions soit conditionnée, de façon beaucoup plus généralisée, à l'engagement d'accueil des collégiens ?

L'État, quant à lui, s'engagerait partout à ouvrir les portes de ses préfectures et de l'ensemble de ses administrations centrales et territoriales pour permettre à ces jeunes de venir y passer leur semaine de stage. Bien sûr, tout cela doit se faire en veillant à ce que le fonctionnement de ces structures et de ces services publics ne soit pas perturbé et il ne s'agit pas ici d'envoyer des collégiens encombrer des services d'urgence hospitalière déjà au bord de l'implosion. Mais, j'en suis convaincu, une mobilisation sur l'ensemble du territoire à travers l'État et les collectivités territoriales peut permettre l'ouverture de milliers de créneaux de stages chaque année, créneaux directement mis à disposition des collèges situés en REP et en REP+. Sans doute faudra-t-il également interroger les collèges situés dans les zones rurales sur la nature de leurs besoins, car s'y trouvent aussi des élèves tout autant dénués de contacts et de relations que ceux de nos quartiers.

Et pourquoi ne pas afficher plus d'ambitions, encore, en imaginant une incitation fiscale pour les entreprises qui s'engageraient à soutenir cette politique et à se mobiliser en sa faveur?

Certains ricaneront en lisant ces lignes, sans doute persuadés que ces réponses ne sont pas à la hauteur des enjeux que nous posent les jeunes générations de notre pays. Je suis persuadé du contraire, car un stage de troisième de qualité n'est pas seulement l'occasion de susciter des vocations, c'est aussi pour les jeunes de nos quartiers la possibilité de découvrir des univers dont ils ne soupçonnent pas même l'existence. Sans doute ne mesurons-nous pas à quel point la logique de l'entre-soi provoque des ravages. Cette question, déjà évoquée dans ce livre, est l'une des plus urgentes que nous devrons régler. Découvrir les coulisses d'un opéra, la rédaction d'un journal, le fonctionnement d'un service communal d'état civil, l'organisation d'un musée, le quotidien d'un cabinet dentaire sera toujours plus enrichissant que de servir, faute de mieux, des canettes de soda dans le kebab du quartier. Cette conviction, je la porte avec d'autant plus de force qu'elle résonne dans ma propre histoire personnelle. Alors que je suis né et que j'ai grandi dans un quartier-ghetto d'Avignon, la Reine-Jeanne, c'est la décision prise par mes parents de m'inscrire au conservatoire de musique de la ville qui allait changer le cours de ma vie. La Reine-Jeanne, son école Stuart Mill, sa bibliothèque Pierre-Boulle, son centre social : tout cela fonctionnait plutôt bien et les enseignants et personnels qui nous accueillaient le faisaient avec un sens du dévouement et de l'écoute qui, enfant déjà, m'avait marqué. Mais, à la Reine, tous mes copains se ressemblaient. Ce dont la mère de famille se plaignait auprès de Thomas Urdy à Trappes, je l'avais vécu quelques années auparavant. Même religion, même culture, même classe sociale. Les pays d'origine de nos parents étaient les mêmes. Les mêmes visages, les mêmes occupations, les mêmes habitudes : les mêmes. Partout. Tout le temps. Mon arrivée au conservatoire, situé dans les beaux quartiers de la ville et fréquenté par les enfants de familles beaucoup plus aisées que celles que je côtoyais dans mon quartier, allait s'apparenter à un voyage en terre inconnue. Pourtant, une fois l'appréhension mutuelle levée, j'ai découvert des univers dont je ne soupçonnais même pas l'existence. Les premières amitiés se nouant, les premières invitations aux fêtes et anniversaires dans les maisons avec vue sur le Palais des papes me permettaient de comprendre que la France ne se résumait pas à la Reine-Jeanne. Il y avait d'autres cultures. D'autres modes de vie. D'autres manières de voir le monde. Ma vie à la Reine et celle au conservatoire ne s'opposaient pas. Elles se complétaient. S'enrichissaient même. Ma vie à la Reine m'apprenait que les livres s'empruntaient, se lisaient et se rapportaient à la bibliothèque du quartier. Celle du conservatoire m'apprendra qu'on pouvait aussi en accumuler chez soi, alors que je découvrais les yeux émerveillés les vastes étagères débordant de livres qui ornaient les salons de mes nouveaux amis. Toutes les expériences ne se comparent pas. Et ce qui vaut pour les uns ne vaudra sans doute pas pour les autres. Mais je suis persuadé que le mélange et la confrontation à l'Autre permettent de s'élever soi-même et de partir à la rencontre de ce qui est inconnu. C'est aussi cela la République, dépasser son particularisme pour aller vers le commun.

Le commun, le Service national universel (SNU) contribue sans doute à le conforter. Promesse de campagne du candidat Macron, le nouveau chef de l'État en confirme la création à l'occasion de la présentation de ses vœux aux armées, le 23 janvier 2018. Le dispositif, qui concerne les adolescents de 16 ans « au plus tôt à la fin de la classe de troisième et au plus tard avant l'entrée en première » et s'articule autour de trois principes généraux (le caractère obligatoire, l'universalité réelle et l'hébergement collectif), affiche des objectifs ambitieux : « recréer le socle d'un creuset républicain et transmettre le goût de l'engagement », « impliquer la jeunesse française dans la vie de la Nation », « promouvoir la notion d'engagement et favoriser un sentiment d'unité nationale autour de valeurs communes ».

Concrètement, le SNU se déroule à travers une première séquence obligatoire d'un mois, avec une phase d'hébergement collectif de quinze jours permettant le « brassage social » et le « partage des valeurs de la République », selon les termes employés par le gouvernement, d'une autre période de quinze jours de « mission d'intérêt général » réalisée en petits groupes et pas forcément en internat. Les jeunes seront notamment formés aux premiers secours, aux réactions à avoir en cas d'attentat ou de catastrophe naturelle, en plus des modules sur l'environnement ou les valeurs de la République.

Puis une seconde phase, volontaire celle-ci, matérialisée par un engagement d'au moins trois mois au sein d'associations et de structures dédiés à l'accompagnement des personnes, à la défense et à la sécurité, ou à la préservation du patrimoine ou de l'environnement.

Au terme de sa mise en place progressive d'ici à 2026, le SNU devrait concerner 800 000 jeunes collégiens chaque année.

L'idée que toute une classe d'âge puisse se retrouver, un temps donné, autour de valeurs et de principes communs, est une idée qui devrait tomber sous le bon sens. Que des jeunes venus d'horizons, de cultures, de classes sociales, de régions et d'univers différents puissent se côtoyer et apprendre à se découvrir ne devrait pas donner lieu à débat.

D'ailleurs, les principaux concernés ne s'y trompent pas. Une vague de consultations sur le terrain et en ligne a notamment permis de recueillir l'avis de près de 46 000 jeunes en Journée défense et citoyenneté. Il ressort que 75 % d'entre eux sont favorables aux objectifs du SNU. Une large majorité (90 %) estime même que le SNU leur permettrait de « rencontrer des jeunes de régions et de milieux sociaux différents ». Sans appel !

Pourtant, aidée par des maladresses gouvernementales de communication et un incident resté dans les mémoires (le mardi 18 juin 2019, à Évreux, 29 jeunes engagés au sein du SNU font un malaise après avoir passé de longues minutes sous un soleil écrasant en marge d'une cérémonie), une partie de l'opposition va s'en donner à cœur joie pour étriller le dispositif. Elle aurait dû s'en abstenir. Personne ne peut prétendre que le SNU puisse constituer la réponse magique à tous les maux du pays, mais il contribue à renforcer le commun. Et est donc nécessaire ! Pour aller plus loin, je propose que deux mesures soient mises en débat pour donner plus de chances de succès à ce Service national universel. Premièrement, et afin de s'assurer que les réfractaires qui, dépourvus de motifs légitimes pour ne pas accomplir le SNU et tentés de se soustraire à leurs obligations en soient dissuadés, je propose que la présence à la partie obligatoire du SNU conditionne la possibilité de passer son permis de conduire.

Je propose par ailleurs que ceux qui consentiront à participer à la partie facultative du SNU, correspondant notamment à un engagement associatif, puissent voir leur engagement reconnu et salué : ils bénéficieront d'une aide financière de l'État pour passer leur permis de conduire, aide progressive et calculée en fonction des revenus des parents.

Cette question du permis est primordiale, notamment pour les centaines de milliers de jeunes Français qui vivent dans les territoires ruraux, enclavés et touchés par de très inégales dessertes en transports collectifs. Leur permettre d'avoir un engagement en faveur de la Nation, tout en leur facilitant ce gain en autonomie et en liberté que constitue le permis de conduire : tel est l'objectif de ces propositions.

Deuxième partie

Créé en mars 2016, le Printemps républicain avait pour vocation originelle de défendre la laïcité et les principes républicains en général. Ce fut, jusqu'ici, l'essentiel de son combat, que vient de résumer cette première partie. Face à la situation de notre pays et alors que je rencontre tous les jours des citoyens orphelins de la gauche républicaine, qui attendent, espèrent, qu'une offre politique nouvelle leur soit proposée, je souhaite exposer ce qu'est notre vision sur quelques grands sujets qui sont au cœur des préoccupations de nos concitoyens. À travers la question de la fonction publique, de la dignité au travail, de la fiscalité, de notre politique migratoire ou bien sûr de l'essentiel et urgentissime défi climatique, nous dessinons les contours d'un projet politique qui, le moment venu, pourra être celui des républicains de gauche.

À nos fonctionnaires,
premières lignes de la République!

Défendre la République implique de commencer par défendre ceux qui la représentent et l'incarnent au plus près du terrain. Policiers, pompiers, infirmiers, aides-soignants, enseignants, agents de nos antennes de la Caisse primaire d'assurance maladie ou du Trésor public, ils sont les premières lignes de la République, ceux qui affrontent au quotidien injures, agressions, menaces, tout en dénonçant quasi unanimement une baisse des moyens et un manque de soutien et de considération de la part de leur hiérarchie.

C'est sans doute dans le secteur de la santé que la situation est la plus intenable. Dans les hôpitaux publics et les structures sanitaires et médico-sociales (sans oublier les cliniques privées et les Ehpad), les soignants sont au bord de l'explosion. Cet état de fait alarmant, bien que connu depuis des années, n'a entraîné aucune décision politique d'ampleur visant à répondre aux malaises qui affectent les professionnels de santé et les patients.

Les causes de cette crise sont multiples : vieillissement de la population avec des prises en charge de plus en plus lourdes, déserts médicaux qui s'aggravent dans certains départements et dans certaines spécialités médicales, augmentation de la charge de travail et diminution des capacités d'accueil des structures de santé, un management inhumain basé sur le taux d'occupation des lits (les managers ayant des objectifs élevés de remplissage de leurs services, sans réelle finalité quant à la qualité des soins), ou encore des établissements de santé qui mettent en place des politiques agressives d'économies entraînant une désorganisation grave de certains services de soins.

Cette politique, Sophie en subit les conséquences quotidiennement dans son milieu professionnel. Travaillant dans un service de rééducation de l'un des 39 hôpitaux de l'Assistance publique-Hôpitaux de Paris (AP-HP), cette jeune infirmière craint à chaque rentrée que la direction ne demande, une nouvelle fois, à son service de « rendre des postes ». « C'est une expression très étrange, "rendre des postes". Comme si nous les avions volés. Dans mon service d'une vingtaine de patients, le week-end, nous tournons avec une infirmière et trois aides-soignants qui se relaient toutes les douze heures », m'explique-t-elle. Des patients aux pathologies lourdes, qu'il faut aider à manger, à se coucher, qu'il faut changer plusieurs fois dans la nuit. Un défi quotidien. Et toujours plus d'économies à réaliser. « Ils veulent que l'AP-HP soit rentable comme le semi-privé ou le privé. La réalité, c'est que l'on nous demande de faire la même chose, voire plus, avec moins de moyens. Sauf que l'on ne peut pas rallonger les journées, on ne peut pas se décupler, donc on fait des choix sur ce qui est prioritaire, essentiel. On ronge sur le contact aux patients et l'on traîne mécaniquement son chariot de chambre en chambre en sachant qu'il va falloir gagner un maximum de temps », me raconte la jeune femme. Cette frustration, tous mes interlocuteurs en font spontanément état. Dans le Sud-Ouest, Florian Porta-Bonete ne dit pas autre chose. Interne de psychiatrie et chargé de mission pour un syndicat de jeunes médecins, il raconte lui aussi cette course contre la montre : « Entre le temps passé au téléphone à chercher des places à l'hôpital et le nombre de patients à prendre en charge, nous n'avons plus le temps pour le relationnel. Sauf que notre travail ne peut pas se résumer à une succession de gestes techniques. Être en accord avec notre métier suppose de soigner, mais aussi de prendre soin des patients. Face à la douleur, à l'anxiété, à l'irritabilité, il faut prendre le temps d'apaiser, de calmer, de parler, d'expliquer les gestes que nous allons accomplir. Et ce temps-là, nous l'avons de moins en moins. » Praticien hospitalier, Marie confirme « une sorte de pression permanente ». « J'ai passé toute ma carrière dans le service public parce que j'y suis attachée, que je me fais une haute idée de la mission qui est la nôtre, et voir que l'on mélange le soin et l'argent me gêne profondément. » Si dans son hôpital, situé dans le centre de la France, la tension semble légèrement moins forte qu'au sein des établissements de l'AP-HP ou des grandes métropoles, la chasse aux économies, le poids des contraintes administratives et une forme de résignation se retrouvent ici comme partout ailleurs. « Ces histoires de moyens en baisse, de manque de temps, de sollicitations toujours plus importantes peuvent avoir des conséquences dramatiques, affectant la santé des patients comme celle des professionnels de santé : burn-out du soignant pouvant aller jusqu'au suicide, événements indésirables, gestes imprécis, erreurs graves pouvant entraîner le décès du patient. » Leur hantise, unanimement partagée. Médecin généticien et praticien hospitalo-universitaire à l'hôpital nord de Marseille (AP-HM), le docteur Annie Levy-Mozziconacci pointe quant à elle l'évolution de la médecine de ville pour expliquer la tension croissante dans les hôpitaux : « Le vieux modèle du médecin de famille qui acceptait de se déplacer à n'importe quelle heure au chevet du petit dernier alité à la maison et qui ne comptait pas ses heures est terminé. Les jeunes générations de médecins veulent avoir du temps libre, s'occuper de leur famille, avoir des loisirs, et c'est parfaitement compréhensible. » De fait, dans certaines zones, les délais pour accéder à un médecin généraliste peuvent varier de 8 à 13 jours. Alors, quand le comprimé de Doliprane n'a pas fait effet, on fonce à l'hôpital et aux urgences.

Et c'est bien aux urgences que la situation est la plus dramatique. Et pour cause !

Selon la Drees (Direction de la recherche, des études, de l'évaluation et des statistiques), en 2017,

« les 713 structures des urgences françaises ont pris en charge 21,4 millions de passages, soit 2,1 % de plus qu'en 2016. Cette progression prolonge la tendance observée depuis vingt ans ». En 1996, le nombre de passages aux urgences s'établissait en effet à 10,1 millions pour la France métropolitaine.

En septembre 2019, une grève touchait plus de 250 services hospitaliers d'urgence en France. Comme leurs collègues dans les services, les urgentistes grévistes dénoncent des budgets en constante baisse, qui ne permettent pas de prendre en charge correctement les patients, avec des services de soins non adaptés aux flux de malades et des sous-effectifs paramédicaux et médicaux permanents.

Des patients pouvant se retrouver sans aucune prise en charge médicale ou paramédicale, devant attendre pendant des heures dans des salles d'attente bondées. D'autres sans chambre d'hospitalisation pendant plusieurs jours, obligés de rester dans un confort très précaire sur des brancards dans des couloirs, à la vue de tous, sans aucune intimité.

D'autant plus que les urgences sont le miroir qui reflète les inégalités de notre société. « En plus des urgences sanitaires quotidiennes, les urgences sont aussi le réceptacle de la misère sociale », m'explique Pierre, un jeune infirmier lyonnais qui, à bout, a fini par quitter les urgences pour rejoindre une structure privée. En effet, en plus des patients, les urgences accueillent aussi des SDF à la recherche d'un peu de répit, des mineurs isolés, des personnes âgées/handicapées vivant sous le seuil de pauvreté, des personnes atteintes de troubles psychiatriques qui se retrouvent à la rue par manque de places dans les structures spécialisées, d'autres qui viennent profiter de l'air frais pendant les canicules ou du chauffage en hiver, des personnes accompagnées par la police avant une possible garde à vue... Et sans oublier tous ceux qui viennent encombrer les urgences alors que leur état de santé ne le justifie en rien, ce que les soignants appellent la bobologie : « Nous sommes avec les pompiers et la police le seul service public mobilisé et mobilisable 24 heures/24, tous les jours de l'année », me souffle Antoine, un urgentiste travaillant en Seine-Saint-Denis. « C'est gratuit, sans rendez-vous, il y a tout le plateau technique disponible à portée de main et, par principe, nous ne refusons personne. Du coup, dès que la fièvre du petit traîne en longueur ou que l'on sent une douleur inhabituelle, on débarque aux urgences. Et l'on se plaint de ne pas être pris en charge immédiatement, sans savoir que, derrière les portes du service, il y a un type avec une balle coincée dans la tête ou un arrêt cardiaque en cours. » En plus d'augmenter la fréquentation des urgences, ces visiteurs inquiets provoquent également une surcharge de travail qui peut avoir des conséquences sur la prise en charge d'urgences médicales réelles et beaucoup plus sérieuses.

Les professionnels de santé et les patients payent donc le prix fort de ces dysfonctionnements qui touchent les urgences, mais aussi l'ensemble de l'hôpital. Et malheureusement les exemples sont légion. En

2016, à Toulouse, une vague de suicides s'abat sur le CHU de la ville : quatre agents hospitaliers se donnent la mort en l'espace de dix-huit jours. Selon une étude de l'association « Soins aux professionnels de santé » en 2017, 25 % des soignants déclaraient avoir déjà eu des idées suicidaires dont l'origine était d'ordre professionnel. Le 29 janvier 2017, Naomi Musenga, une jeune Strasbourgeoise de 22 ans, appelle le centre 15 du Bas-Rhin pour se plaindre de douleurs abdominales. L'assistante de régulation médicale qui traite l'appel la rabroue froidement, la renvoyant vers SOS Médecins. La jeune femme perd de précieuses heures et trouve la mort dans l'après-midi, quelques heures après son arrivée à l'hôpital civil de la capitale alsacienne. En 2018, à l'hôpital parisien de Lariboisière, une patiente est retrouvée morte douze heures après son admission aux urgences, après avoir été oubliée dans une salle d'attente surchargée… Dans *Bienvenue aux urgences, l'hôpital comme vous ne l'avez jamais vu*[1], le journaliste Jean-Marie Godard rapporte également les histoires de deux femmes, à Rennes et Reims en mars 2018, ayant succombé à un arrêt cardiaque; dans les deux cas, la saturation des services était mise en cause.

Sans omettre que, avec la pénurie de médecins dans certains secteurs et certains départements, associée à la diminution, allant parfois même jusqu'à l'absence totale dans certains services, d'infirmiers (la nuit en Ehpad par exemple), les glissements de compétences,

---

1. Jean-Marie Godard, *Bienvenue aux urgences*, Fayard, 2019.

c'est-à-dire le fait qu'un aide-soignant assume les tâches d'un infirmier et l'infirmier celles d'un médecin, travaillant de fait en dehors du cadre de compétences défini par la loi, sont en pleine explosion. Ces glissements de compétences sont un danger réel à la fois pour le patient, mais aussi pour le professionnel de santé, qui peut voir sa responsabilité engagée en cas d'incident. Une vraie insécurité juridique permanente pour le soignant.

Face à cette situation intenable qui touche tout notre système de santé, quelques propositions pourraient contribuer à faire baisser la pression ; alléger le carcan administratif qui pèse sur les soignants afin de libérer du temps pour qu'ils puissent « soigner et prendre soin », selon les mots de Florian Porta-Bonete ; cesser cette course effrénée à l'économie au risque qu'elle ne finisse pas avoir des conséquences systémiques sur la qualité des soins eux-mêmes ; avoir une réelle politique d'attractivité des métiers de la santé avec une revalorisation salariale, notamment des personnels paramédicaux (infirmiers, aides-soignants…), en particulier ceux travaillant dans les territoires en tension ; actualiser les référentiels de compétences des professionnels de santé tous les 3 à 5 ans avec la mise en place de formations continues obligatoires ; repenser la prise en charge de nos aînés avec le développement croissant des accompagnements à domicile et le développement de lieux de vie à taille humaine (structures ne dépassant pas les vingt résidents) ; enfin, mettre en place une reconnaissance réelle de la pénibilité. « Et puis, au-delà des moyens et du matériel, un peu de reconnaissance de la part de la hiérarchie ne ferait pas de mal. Quand tu termines une garde de vingt-quatre heures, que tu as été insultée, confrontée à l'incivisme, à la violence, que tu es au bout du rouleau et qu'il n'y a littéralement personne à qui parler parce qu'afficher sa fragilité c'est prendre le risque d'être marginalisée, alors tu en viens à te poser des questions sur la nature même de ton travail. Et pour les plus fragiles des collègues, l'issue peut être dramatique », soupire Sophie.

Ne pas afficher son malaise auprès de la hiérarchie et des collègues, « pour ne pas risquer de passer pour un faible », c'est ce que raconte aussi Abdoulaye Kanté. Né en France de parents maliens, c'est à l'âge de 17 ans qu'il ressent l'envie de servir la France en intégrant l'armée pendant deux ans, puis la police nationale. « Très tôt, j'ai ressenti cette envie de m'impliquer au service de mon pays », m'explique-t-il, alors que nous nous rejoignons à Nanterre, à quelques dizaines de mètres du service de coopération internationale de la police nationale qu'il a intégré il y a peu. Mais c'est à Paris que la carrière d'Abdoulaye débute, au sein du commissariat du 11ᵉ arrondissement de la capitale. Il y fait la connaissance d'Ahmed Merabet, le policier assassiné par l'un des frères Kouachi le 7 janvier 2015. Puis direction la brigade anticriminalité du 18ᵉ, la brigade des stups pendant six ans et le service départemental de police judiciaire de Seine-Saint-Denis, avant de rejoindre Nanterre. Le 13 novembre 2015, Abdoulaye Kanté est en famille, installé devant le match France-Allemagne, lorsqu'il entend le bruit de la première explosion qui secoue les abords du stade. Il croit d'abord à un pétard. À quelques kilomètres de son domicile, l'un des terroristes du Stade de France vient d'activer sa ceinture explosive. « Au moment de la deuxième détonation, j'ai compris que ce n'était pas un pétard. » L'un de ses responsables l'appelle dans la foulée pour lui demander de rejoindre son unité. Il est l'un des tout premiers arrivés sur les lieux, en « état de sidération… Mais il faut très vite se reprendre. Dans ces moments-là, il n'y a pas de place pour les sentiments ». Cinq jours plus tard, il participe à Saint-Denis à l'assaut lancé contre l'appartement dans lequel s'est réfugié Abdelhamid Abaaoud, l'un des auteurs des fusillades sur les terrasses, dont il est soupçonné d'être le commanditaire opérationnel. « Bien sûr que ce sont des opérations qui marquent et qui restent gravées dans la mémoire parce qu'elles sont spectaculaires, exceptionnelles, mais ce que j'aime d'abord dans mon métier, c'est le terrain, le contact avec les jeunes, même s'il n'est pas toujours évident », m'explique Abdoulaye. Parfois, le policier est rattrapé par ses origines maliennes : « Il m'est arrivé en intervention, lorsque je participais à des interpellations, d'être pris à partie, traité de traître… Un jour, un jeune m'a lancé : "Comment tu peux laisser tes collègues attaquer tes frères ?" Aux yeux de certains, le Noir que je suis ne peut pas, ne doit pas travailler pour une police raciste. » Des accusations qui le font bondir :

« Aucun corps de métier n'est infaillible, et la police, plus que les autres, doit être irréprochable… Oui, il y a des collègues qui portent en eux des idées d'intolérance, mais l'idée que la police française serait structurellement raciste me sidère. Surtout quand ces accusations viennent de gens qui sont fascinés par le modèle américain… Que l'on compare les statistiques des deux pays en matière de dérives policières et l'on cessera peut-être de nous donner des leçons ! » me dit-il. Lorsque je demande à Abdoulaye Kanté ce qui, au-delà des grandes interventions de 2015, l'a le plus marqué depuis son entrée dans la police, sa réponse est identique à celles que me feront tous mes interlocuteurs dans les forces de l'ordre : l'attaque de Viry-Châtillon et la vague de suicides dans les rangs.

Le 8 octobre 2016, vers 15 heures, des policiers placés pour surveiller un carrefour sensible du quartier de la Grande Borne sont attaqués par une dizaine de personnes avec des pierres, des barres de fer et des cocktails Molotov. Une policière est grièvement brûlée aux mains et aux jambes tandis que le diagnostic vital d'un adjoint de sécurité de 28 ans, très grièvement blessé, est engagé.

« Viry, c'est un tournant. Bien sûr qu'il y a déjà eu des précédents de heurts entre des jeunes et des collègues… Mais, cette fois, nous avions confirmation qu'il y avait la volonté de tuer des flics. Pas seulement de provoquer, de jouer à se faire peur : non, ils voulaient un mort », m'explique Thomas, 26 ans, en poste dans une brigade anticriminalité au nord de Paris. « À l'époque des faits, je n'avais qu'un an de maison. Et sans aller jusqu'à imaginer en partir, on se dit quand même qu'on n'a pas envie de finir grillé dans une bagnole. » Cette attaque choque d'autant plus les fonctionnaires de police qu'elle en rappelle une autre de même nature, survenue quelques mois auparavant et qui montrait déjà qu'un nouveau palier était franchi dans la haine anti-policiers. Le 18 mai 2016, alors que des policiers manifestent place de la République à Paris pour dénoncer les violences dont ils font l'objet en marge des mobilisations contre la loi El Khomri, un groupe d'antifas et de militants de la gauche radicale encercle un véhicule de police coincé dans la circulation. Pendant qu'un premier casseur brise la vitre de la porte côté conducteur avec un coup de pied, un autre individu lance un potelet sur le pare-brise et jette un fumigène dans le véhicule encore occupé. L'image de l'un des agents frappé en sortant du véhicule, Kévin Philippy, remarquable de maîtrise et de sang-froid, lui vaudra le surnom de « policier kung-fu » et la médaille de la sécurité intérieure, remise par le ministre de l'Intérieur de l'époque, Bernard Cazeneuve.

À la même période, un tollé est provoqué par une affiche de la branche communication de la CGT montrant une matraque et un insigne de CRS, près d'une flaque de sang, titrée : « La police doit protéger les citoyens et non les frapper. » Bernard Cazeneuve dénonce dans une lettre ouverte au secrétaire général de la CGT, Philippe Martinez, la « violence d'une campagne choquante » qui met « gravement en cause la police nationale ».

« On se demande quand même comment on a pu passer de policiers ovationnés et fêtés en héros en janvier 2015 à cette affiche et ces scènes de sauvagerie et de haine quelques mois plus tard seulement. Parfois je me dis que ce ne sont pas les mêmes personnes. Que ceux qui nous détestent aujourd'hui nous détestaient déjà à l'époque », tente de se rassurer Thomas.

Ce climat de tension n'aide pas à améliorer les conditions de travail et à calmer le malaise, tant s'en faut. Depuis quelques mois, nos services de police connaissent une vague de suicides à l'ampleur inédite. Au 15 septembre 2019, 50 policiers s'étaient donné la mort. À titre de comparaison, ils étaient 35 sur l'ensemble de l'année 2018. Tous les cinq jours, un policier se suicide en France. « Bien sûr que, dans certains cas, il y a des raisons personnelles, mais la possibilité d'avoir accès à une arme plus facilement que le reste de la population ne peut pas suffire comme explication. Il est évident que le malaise, l'usure, les conditions de travail, une forme de résignation face à la violence peuvent pousser à commettre l'irréparable », avance Abdoulaye Kanté.

Heures supplémentaires non rémunérées, sous-effectif chronique, sursollicitation entre gestion de la menace terroriste et crise des Gilets jaunes, équipements et véhicules défectueux, commissariats délabrés… À l'été 2018, déjà, une commission d'enquête sénatoriale remettait un rapport édifiant dans lequel elle pointait un « fort malaise exprimé par les forces de l'ordre », « un quotidien et une vie familiale difficiles » ou encore « un épuisement moral généralisé ».

Si le gouvernement a bien annoncé fin 2018 une augmentation de salaire de 300 euros par an pour les policiers, il n'en demeure pas moins que les raisons de la crise restent profondes. Et puis, comme pour les personnels soignants, au-delà des revendications matérielles et de la violence de la société qu'il faut canaliser, c'est le sentiment d'une hiérarchie trop rigide, incapable d'apporter une réponse humaine aux angoisses et aux craintes des policiers qui revient dans nombre d'échanges. Très actif sur les réseaux sociaux, et notamment sur Twitter, où les forces de l'ordre communiquent sous le hashtag #Team22, Antoine raconte avec une passion intacte ses premiers mois d'engagement. « Je suis entré en école de police le 5 janvier 2015. Deux jours après éclatait la tuerie de *Charlie*. Pour une entrée en la matière, nous étions servis[1] », me raconte-t-il. Fin octobre de la même année, l'arrivée dans les services. Les interminables heures à « bitumer », terme policier désignant la surveillance statique devant des lieux de culte ou de pouvoir, les violences des manifestations de la loi Travail, l'attaque de Viry. « Nous avons autant besoin de moyens, que de considération. »

Considération. C'est le même mot qui est lâché dans ce café sur le Vieux-Port, à Marseille[2]. Juliette,

---

1. Entretien en date du 8 septembre 2019.
2. Entretien en date du 19 juillet 2019.

34 ans, est agent d'accueil dans une antenne de la Caisse primaire d'assurance maladie des quartiers nord de la cité phocéenne. Son rôle ? Assurer l'accueil et orienter les personnes qui se présentent vers le bon service, qui pour un bilan médical, qui pour une réclamation, qui pour le renouvellement d'une carte Vitale, et ainsi de suite. Cette ex-coiffeuse, qui a souhaité ouvrir une nouvelle page de sa vie professionnelle, était fière de rejoindre la fonction publique. « Et puis la Sécu, c'est quand même un symbole. Savoir qu'on est là pour aider des gens qui traversent des difficultés, sont parfois atteints de pathologies graves, ça donne du sens à son travail. On se lève le matin avec l'envie d'aller bosser. » Mais rapidement, quelques mois seulement après sa prise de fonction, Juliette déchante. « Je savais que l'accueil du public pouvait être parfois difficile et ingrat mais je ne m'attendais pas à ce niveau de violence. Pas un jour ne passe sans que nous ne soyons, au mieux, insultés, et, dans les cas les plus graves, agressés. » Un jour, un grand gaillard furieux de ne pas voir ses remboursements de soins tomber sur son compte bancaire lui crache à la figure. « C'était très humiliant. Surtout que dans ce cas, comme dans la quasi-totalité des cas d'agressions ou d'insultes, les agents d'accueil ne sont pour rien dans les éventuels dysfonctionnements. Je n'ai pas accès aux dossiers, ne prends pas les décisions d'attribuer ou de suspendre une prestation, mais comme je suis la première interlocutrice, c'est sur moi que la violence se déverse. »

Comme ses collègues policiers ou soignants, Juliette décrit une hiérarchie le plus souvent impassible. « Le facteur humain est totalement absent. Le jour du crachat, un cadre a bien daigné descendre des étages pour venir me parler, mais pour tous les autres jours, toutes les autres agressions, toutes les autres humiliations qui n'ont donné lieu qu'à un long silence… Qui vient nous voir ? Personne ! » La jeune femme, comme nombre de ses collègues, suggère que des sanctions puissent tomber beaucoup plus systématiquement contre les auteurs d'incivilités, notamment dans les cas de récidive. « Un type qui t'insulte pour la troisième, quatrième ou cinquième fois le même trimestre, que tu finis par reconnaître en le voyant arriver, à un moment donné, si tu lui dis que son RSA, ses APL ou ses remboursements de soins seront ponctionnés, je pense que ce sera beaucoup plus dissuasif que de lui envoyer deux vigiles le mettre à la porte. » Car en 2019, la réalité du terrain est que dans un nombre croissant de services publics, face à l'accroissement des agressions, ce sont désormais des sociétés privées de sécurité qui sont sollicitées pour tenter de maintenir l'ordre. Des situations vécues par Juliette, Jean[1], qui travaille dans une antenne de Pôle emploi dans le nord de la France, peut en raconter des dizaines. Proche de la retraite, ce syndicaliste a vu la situation se dégrader considérablement ces dernières années. « Nous voyons arriver de plus en plus

---

1. Entretien en date du 26 juillet 2019.

de gens qui pensent n'avoir que des droits, et aucun devoir. Et qui, en plus, ne supportent plus d'attendre, exigent que leur dossier soit traité tout de suite. Et de fait, ils deviennent violents et s'en prennent aux interlocuteurs qui se trouvent devant eux. » La même violence, partout, et la même lenteur de l'administration à se saisir du problème. Jean, Juliette, comme nombre de policiers ou de soignants suggèrent, au-delà des revendications strictement matérielles qui diffèrent d'une profession à l'autre, une prise au sérieux beaucoup plus importante du bien-être au travail et des réactions plus fermes en soutien aux personnels agressés. « Il faudrait un numéro vert, une sorte de SOS amitié pour les fonctionnaires, rigole Juliette, qui se reprend aussitôt : je ne plaisante qu'à moitié. Si, dans chaque département, les fonctionnaires pouvaient avoir un interlocuteur à appeler, à qui se confier, anonymement ou pas, à rencontrer, cela permettrait sans doute de désamorcer des situations qui finissent par dégénérer en burn-out ou en arrêts maladie à répétition. » Abdoulaye Kanté insiste quant à lui sur la nécessité que ces médiateurs soient extérieurs aux services, « car chez nous, dans la police, mais c'est vrai ailleurs, de très nombreux collègues n'accepteront pas de se confier à quelqu'un présent dans le même bâtiment qu'eux. On préfère prendre sur soi et accumuler souffrances et frustrations, plutôt que de faire savoir sa difficulté ou son malaise, au risque d'être mis un peu à l'écart des collègues. » Quant à la proposition de sanctionner les allocataires violents, elle rencontre l'approbation de Pierre à Pôle emploi, qui reconnaît : « Longtemps j'ai été farouchement opposé à cette idée. Quand tu sais qu'un père de famille gagne 500 euros d'ASS[1], tu as du mal à imaginer une réduction et les répercussions qu'elle pourrait avoir sur une vie de famille mais franchement lorsque, quasi quotidiennement, tu as face à toi des personnages odieux, multirécidivistes, qui se foutent totalement des procédures et n'ont de respect pour rien, je me dis qu'un petit coup de pression pourrait les ramener à un peu de raison. »

Et ramener un peu de sérénité dans le quotidien de ces femmes et de ces hommes qui, en décidant de servir l'État, font vivre la République en première ligne.

---

1. Allocation de solidarité spécifique.

Travail, dignité, fiscalité :
la révolte des sans-voix

Comme beaucoup de Français, j'ai été surpris par l'ampleur de la crise des Gilets jaunes. Certes, je sentais bien depuis longtemps que le pays grondait et que la colère était profonde, mais je n'imaginais pas, ne m'attendais pas à ce qu'elle surgisse aussi puissamment, portée et incarnée par ces millions de Français oubliés par les politiques de gauche comme de droite depuis si longtemps.

J'ai mis du temps à y voir parfaitement clair tant le mouvement paraissait multiforme, les revendications variées, parfois même contradictoires, les moyens d'action inédits, rompant avec les traditionnelles formes de mobilisation des organisations syndicales notamment.

Cette sidération ne fut pas que personnelle. Collectivement, au sein du Printemps républicain, je dois bien reconnaître que nous ne sommes pas parvenus à nous entendre sur l'attitude à adopter face à ce mouvement. Sensibles à la question sociale, nous ne pouvions que regarder avec intérêt la revendication principale des Gilets jaunes : vivre dignement de son travail ! Soucieux des inégalités territoriales, nous ne pouvions que soutenir une prise de parole inédite provenant des espaces périurbains. Conscients, enfin, de la fragilité des médiations locales, nous ne pouvions que nous réjouir du Grand Débat national qui fut, je crois, l'une des réponses pertinentes à cette crise, même si la manière dont en ont été tirées les conclusions et le profil très urbain/CSP+ des contributeurs pouvaient appeler quelques observations. Mais notre attachement à la République et à ses élus – quand bien même nous pouvons les combattre politiquement – nous a fait choisir l'ordre contre les factieux – à l'extrême droite et à l'extrême gauche. Les violences du 1er décembre étaient inadmissibles, à l'Arc de triomphe comme partout ailleurs en province, comme j'ai pu en être témoin à Avignon, la rue de la République, artère principale de la ville, ayant été totalement saccagée.

En revanche, ce qui m'a très rapidement consterné, c'est l'avalanche de commentaires méprisants et condescendants qui se sont abattus sur ces Français descendus dans la rue : ploucs, beaufs, ringards, cas sociaux, crétins, foule imbécile, fachos, arriérés, poivrots...

Sur Twitter, ce salon bien connu de l'élégance et du bon goût, c'était le dîner de cons ! Beaucoup se sont fendu la poire en faisant tourner en boucle des vidéos montrant des Gilets jaunes danser sur du

Patrick Sébastien ou faire la queue leu leu autour de je ne sais quel rond-point. Regardez, pouvait-on lire, ces débiles, ces ratés tout droit sortis de Groland ou de « Confessions intimes », ces consanguins du Pas-de-Calais, ces Jacquouille la Fripouille aux dents abîmées, au look moisi et au français incertain, et sans doute fans de Johnny Hallyday pour boucler la boucle… Regardez-les et venez vous payer leur tronche avec nous !

Pourtant, ces Français n'étaient pas moins légitimes à dire leur colère et leur exaspération face au sentiment d'abandon qui est le leur que les sachants qui les toisaient avec condescendance.

Au fond, ce qui m'a révolté, c'est de voir une France qui a réussi, qui vit plutôt bien, est hyperconnectée, voyage, dispose de transports en commun de jour comme de nuit, d'infrastructures culturelles variées, de cabinets médicaux en quantité, de services publics efficaces, expliquer à une France plus à la traîne, qui a vu ses bureaux de poste fermer les uns après les autres, ses lignes ferroviaires réduites, ses médecins et ses cinémas s'éloigner de 15 kilomètres, qui renonce à prendre des vacances, voit passer son dernier bus avant 20 heures, qu'elle n'a rien compris au sens de l'Histoire, qu'elle doit changer ses habitudes, s'adapter et le faire – de surcroît – sans se plaindre !

Certes, ces Gilets jaunes n'avaient pas tous les codes qui vont bien, ne parlaient pas tous aussi bien français que d'autres, n'étaient pas tous des monuments de finesse : oui, certes, mais ils étaient un visage de la

France, et personne n'aurait dû se sentir autorisé à leur faire la morale et encore moins à les insulter quand ils sont descendus dans la rue pour dire qu'ils n'y arrivaient plus !

Ce qui a surgi en novembre 2018 (pour approfondir le sujet, *Une colère française*, Denis Maillard, éditions de l'Observatoire, 2019) est l'aboutissement d'un processus politique qu'analysent depuis longtemps nombre d'intellectuels et de chercheurs. Je pense aux écrits de Laurent Bouvet bien évidemment, co-fondateur du Printemps républicain et auteur du *Sens du peuple*[1], mais aussi aux travaux de Christophe Guilly et Jean-Claude Michéa et plus récemment à *L'Archipel français, naissance d'une nation multiple et divisée* de Jérôme Fourquet[2]. Tous ont analysé en profondeur ce phénomène de rupture entre d'une part les élites intégrées culturellement et/ou économiquement à la mondialisation et d'autre part le reste de la population.

Le mouvement initial des ronds-points, des retraités, des mères célibataires et des travailleurs modestes, je le dis sans fard, je l'ai trouvé beau et émouvant. Beau de voir surgir ces femmes et ces hommes avec ces chasubles jaunes pour dire à la face de la France : « Nous existons, nous voulons vivre, être entendus et respectés. » Tout en dignité. La fierté retrouvée.

---

1. Laurent Bouvet, *Le Sens du peuple*, Gallimard, 2012.

2. Jérôme Fourquet, *L'Archipel français, naissance d'une nation multiple et divisée*, Seuil, 2019.

Comment ne pas être ému par les témoignages de tous ces Français qui, malgré leur travail, malgré leur retraite, sont obligés de compter au centime près pour essayer de joindre les deux bouts et qui, le 15 du mois, quand ce n'est pas le 10, doivent se résoudre à sauter un repas sur deux ou à faire appel à la générosité publique pour nourrir leur famille ? Ces témoignages m'ont touché au plus profond de moi-même.

Je crois que ce qui m'a également touché, c'est de voir ce mouvement s'inscrire dans une histoire typiquement française. Il a fallu une anecdotique taxe sur le carburant pour réveiller ce qui est profondément enfoui au fond de l'âme de notre peuple d'effrontés et de « Gaulois réfractaires » : la révolte pour le bien commun, le retour de notre imaginaire d'égalité et de liberté, celui de 1789.

Ces Français se sont levés pour un combat qui puise sa source dans le génie de notre devise républicaine : ils ont revendiqué la Liberté – celle de vivre dignement de son travail ; réclamé l'Égalité – devant l'impôt, une égalité des chances et une égalité de traitement devant les services publics et les territoires ; enfin, ils ont renoué le fil de la Fraternité – la vertu première des ronds-points aura été de recréer du lien social là où il avait disparu et de permettre pour beaucoup l'éveil à la politique et à la chose publique, à la *res publica*.

Les premières réactions d'une partie de la classe politique et de nombreux éditorialistes qui ont consisté à présenter les Gilets jaunes comme une armée de beaufs et de pouilleux, racistes et homophobes, imperméables au « monde qui change » et à l'urgence climatique, furent en dessous de tout. « Prenez les transports en commun ou faites du covoiturage », disaient-ils avec leurs airs satisfaits à des gens qui n'ont plus de transports collectifs après 20 heures.

Quand des ministres et parlementaires de la majorité expliquaient le plus sérieusement du monde à des Gilets jaunes qu'il fallait acheter une voiture électrique à 20 000 € alors qu'ils ne gagnent que 1 200 € et qu'ils n'arrivent pas à boucler les fins de mois, on se pinçait pour y croire.

J'ai encore en tête la terrible émission « La grande explication » présentée par David Pujadas sur LCI qui a notamment opposé les ministres Emmanuelle Wargon, Marc Fesneau et Amélie de Montchalin à une dizaine de Gilets jaunes. La déconnexion de la classe politique vis-à-vis des réalités sociales d'une grande partie des Français n'est jamais apparue aussi forte, le gouffre aussi béant.

Ce mouvement des ronds-points doit, à mon sens, être dissocié des « actes » du samedi, où l'on a assisté, toutes les fins de semaine, à l'inacceptable.

Si en tant que citoyen engagé dans la vie de la Cité, les Gilets jaunes ont contribué à nourrir mes réflexions politiques, en tant que républicain, les dérives auxquelles nous avons assisté m'ont scandalisé.

Derrière une colère qui, je le répète, est légitime, nous avons assisté à un déchaînement de violences verbales et physiques inouï et, pire, à l'acceptation de ce niveau de violence par une partie de la population de notre pays.

Durant toute cette séquence, un événement m'a particulièrement marqué, événement qui dit, je crois, quelque chose de l'état de notre société : c'est l'affaire dite du « boxeur » Christophe Dettinger.

Lors de l'acte VIII de la mobilisation, le 5 janvier 2019 devant le musée d'Orsay à Paris, la manifestation non déclarée qui voulait atteindre les abords de l'Assemblée nationale est stoppée par les forces de l'ordre. Certains manifestants tentent de forcer le passage sur la passerelle Léopold-Sédar-Senghor. Insultes et provocations fusent. Une confrontation éclate entre un petit groupe de CRS et des manifestants quand, surgissant de nulle part, un colosse va littéralement bastonner deux CRS. Le premier sera tabassé au sol, le deuxième boxé dans une confrontation qui restera dans les annales.

Les images sont choquantes et l'on reste coi de voir en plein Paris des policiers se faire lyncher sur un pont. Mais, dans la foulée de l'acte en lui-même, gravissime, ce qui va choquer un peu plus encore l'opinion publique, c'est la vague de soutien populaire qui s'exprime en faveur du boxeur dans toute une partie de la société. Dettinger se retrouve célébré en héros sur Internet, des slogans à sa gloire sont scandés dans les manifestations, pendant que l'on voit fleurir des fresques urbaines et des tags le représentant. Une cagnotte de soutien lancée sur le site Leetchi atteint 150 000 € en moins de deux jours et rassemble près de

9 000 contributeurs. Comme si le « gitan de Massy » incarnait à lui seul la revanche espérée par tous les blessés, mutilés, éborgnés et autres victimes de violences et de dérapages policiers depuis le début du mouvement.

Car, disons les choses clairement, le comportement de certains policiers à l'égard des manifestants ne fut digne ni de l'uniforme qu'ils portent, ni du corps qu'ils servent. L'ampleur des mutilations qui sont remontées depuis le 17 novembre 2018 doit nous interroger et notre intransigeance sur ce sujet doit être totale. En ce sens, le travail de l'Inspection générale de la police nationale (IGPN), la « police des polices », est indispensable pour faire éclater la vérité et permettre que les sanctions tombent lorsque des fautes sont avérées. Mais, en même temps, nous ne devons pas tolérer le récit que certains ont voulu installer selon lequel la police, dans son ensemble, a attaqué des manifestants pacifiques et se serait comportée telle une milice d'État. Ce récit ne correspond en rien à la réalité, celle d'une profession qui est la plus contrôlée de toute la fonction publique et ne sert que les intérêts de ceux qui ont mis progressivement la main sur le mouvement des Gilets jaunes pour le faire dégénérer.

Car, de semaine en semaine, le mouvement a muté. Le peuple des ronds-points est progressivement rentré chez lui pour laisser place à des manifestants plus radicaux, plus violents, encadrés et infiltrés de plus en plus ouvertement par l'extrême gauche, et notamment par des bataillons de militants de La France insoumise qui, croyant le grand soir venu, ont joué avec le feu, allant jusqu'à se placer à plusieurs reprises hors du champ républicain.

Pourtant, Jean-Luc Mélenchon avait fait part d'une certaine clairvoyance lors de la campagne de 2017 en théorisant le dégagisme. Lors d'un meeting en mars 2017, il prononçait ces mots forts : « Nos sociétés ont été détruites et martyrisées par le néolibéralisme, si bien qu'elles sont en partie en miettes et que, dans cet effondrement de tout, un doute gigantesque s'est répandu, un mépris inouï contre tout : les juges, les policiers, les journalistes, les responsables politiques. Le pays tout entier semble couver un énorme dégagisme qui va s'accomplir. Et notre devoir, notre rôle, est de lui donner une issue positive. Constructive, pacifique, démocratique. »

Force est de constater que Jean-Luc Mélenchon et les siens ont trahi la posture républicaine qui fut la leur pendant la dernière campagne présidentielle, allant jusqu'à encourager la part la plus sombre des Gilets jaunes : refus de se démarquer des violences des manifestants, mise en cause systématique de la police républicaine, participation aux rassemblements non autorisés, soutien à la cagnotte de Christophe Dettinger, etc.

Faute de gagner la victoire par les urnes, la crise des Gilets jaunes sera pour les insoumis le moyen de s'opposer à Emmanuel Macron et, pourquoi pas, de le renverser. En vain !

Cette pente glissante fut également prise par des médias se réclamant de la gauche, notamment Mediapart ou Le Media, le site d'actualité proche de

La France insoumise, qui n'ont pas hésité à mettre en avant des personnages défendant des thèses ouvertement complotistes, à relayer l'idée que la France était devenue une dictature et à faire un focus outrancier et excessif sur les violences policières, jetant inutilement de l'huile sur le feu dans un moment de grande tension. Poussant toujours plus loin l'indécence, la patronne du Media, l'inénarrable Aude Lancelin, ira même expliquer dans la foulée de l'agression antisémite d'Alain Finkielkraut en marge d'une manifestation des Gilets jaunes, durant laquelle il sera traité de « sioniste de merde » et de « sale race », que le philosophe « incitateur à la haine publique » l'avait sans doute un peu cherché : « Nous avions déjà eu droit au coup de son innocente promenade de santé à Nuit debout un soir de 2016, écrit-elle. Ce non-événement avait déjà servi de point d'accroche à un rodéo médiatique d'une violence inouïe contre un mouvement social dont la légitimité était déjà, elle aussi, indiscutable. » Et de conclure : « Le comportement de monsieur Finkielkraut s'assimile à celui d'un agent provocateur, qui semble par ailleurs jouir de l'opprobre qu'il suscite. » L'indignation est générale !

Pourtant, une question évidente se pose : était-il si compliqué de soutenir les aspirations légitimes des Gilets jaunes, de les incarner politiquement, et en même temps de se dissocier des idées complotistes et antisémites, des dérives, des casseurs et des black blocs ?

Pour moi, cela aurait dû être le rôle historique de la gauche ; ce sera son échec le plus patent ! Et si les Gilets jaunes sont morts, en tant que mouvement, c'est parce qu'ils ont été récupérés, au moins en partie, par des militants de la gauche radicale et de l'extrême droite qui n'avaient dans le fond que faire de la baisse du pouvoir d'achat et de la dignité au travail. Leur seul objectif était la confrontation, la plus violente possible, avec le pouvoir et l'espoir qu'advienne enfin un grand soir qui semble revêtir les habits de Godot.

Oui, je suis convaincu qu'il aurait fallu qu'une force politique incarne une position républicaine dans ce moment-là. La seule à même de garantir l'unité de la nation et de répondre aux aspirations légitimes d'une partie de la population.

Car les questions soulevées par les Gilets jaunes demeurent, à commencer par celle, centrale, du droit à vivre dignement de son travail.

Au risque d'en heurter certains, je suis convaincu depuis toujours que la défense du travail est un combat foncièrement de gauche. Par paresse intellectuelle et par excès de dogmatisme, par refus – aussi – de clarifier des débats en son sein, la gauche française a longtemps abandonné la défense du travail à la droite, comme elle l'avait préalablement fait avec la défense des symboles patriotiques, de l'ordre ou de l'autorité de l'État, sujets dont la simple évocation peut très vite vous valoir quelques soupçons de collusion avec les forces de la réaction et du fascisme.

Pourtant, s'il y a bien un combat que devrait assumer la gauche sans honte ni pudeur, c'est celui de la défense du travail. Car c'est bien le travail qui émancipe, offre dignité et confiance en soi, crée et maintient le lien social. C'est par le travail que l'on peut ressentir la satisfaction d'être utile, d'apporter sa contribution, si modeste soit-elle, à la société et au commun. C'est le travail qui permet de consommer – autre mot suspect dans certaines sphères! Dans certains quartiers gangrenés par la misogynie et l'islam politique comme nous l'avons vu précédemment, c'est l'accès à des formations et le travail qui permettent notamment à de jeunes femmes de s'émanciper, d'échapper à l'assignation à résidence identitaire et de quitter le foyer familial pour vivre leur vie librement, loin des regards oppressants posés sur les impudiques qui refusent de se voiler. Le travail permet tout cela… en théorie en tout cas. Car, dans la pratique, la réalité ne ressemble pas toujours au tableau dressé plus haut, et des millions de Français, bien que travaillant sans rechigner, parfois au prix de leur santé, ne parviennent ni à vivre dignement, ni à assurer l'avenir de leurs enfants. C'est l'un des enseignements que je retiens de la séquence « Gilets jaunes ». Ces Français tournant autour des ronds-points ne demandaient pas l'aumône, de nouvelles aides ou je ne sais quels nouveaux droits sociaux; ils demandaient à pouvoir vivre dignement du fruit de leur travail et rompre avec une supposée culture de l'assistanat perçue comme un frein à la réalisation personnelle. Les deux vont de pair dans l'imaginaire collectif et reprennent l'idée qu'il serait indécent de gagner plus en ne travaillant pas qu'en le faisant. Par-delà sa fin gangrenée par une poignée de factieux n'ayant plus rien à voir avec la défense du travail et du pouvoir d'achat, comme on l'a vu précédemment, le soutien massif qu'a recueilli le mouvement (autour de 80 % pendant plusieurs semaines) témoigne de l'importance de ces éléments dans l'opinion et de l'attachement des Français au travail. Vivre dignement de son travail signifie alors bénéficier d'une rétribution en lien avec ses compétences et l'effort consenti : mais aussi payer un impôt juste et lisible, à la hauteur de ses revenus et capacités réelles. C'est là que le bât blesse, et la colère des Français s'est particulièrement attachée à dénoncer l'injustice fiscale qui règne dans le pays.

Comment oublier le témoignage de Sandra, 44 ans, qui enchaîne les CDD comme caissière dans les supermarchés de la banlieue de Roubaix et raconte la honte qui l'envahit lorsqu'elle doit demander de l'aide à ses parents pour boucler ses fins de mois ? « Si les choses s'étaient passées dans le bon ordre, c'est moi qui devrais donner un peu d'argent à mes parents, mais c'est le contraire qui arrive. J'en ai tellement honte… », expliquera-t-elle dans un reportage. La honte. Tout en travaillant. Comment oublier Fabienne, 41 ans, femme de ménage depuis 2004, qui cumule deux emplois fixes (l'un dans une école privée et l'autre dans les services d'une communauté de communes en Bourgogne), en plus de missions chez les particuliers ? Sa journée type débute à 5 heures du matin pour se rendre à l'école. Le soir, elle recommence quand les fonctionnaires de la communauté de communes sont partis. Entre les deux alternent les missions chez les particuliers en fonction des besoins et de la demande. Avec une moyenne de 24 heures de ménage par semaine payées au SMIC horaire, elle gagne 800 euros par mois. Son mari, autoentrepreneur depuis peu, ne parvient pas à dégager de revenus à ce stade. Le seul salaire de Fabienne étant insuffisant, le couple a dû renoncer à toutes les dépenses superflues. Pas de voiture. Chauffage au bois. Tout en travaillant. Comment oublier Camille, auxiliaire de vie auprès de personnes âgées en partie autonomes ou ayant des maladies affectant leur vie quotidienne ? Camille travaille dans une association d'aide à la personne en CDI, à temps partiel. Elle gagne 850 euros par mois. Ses journées débutent à 6 h 30 et se terminent à 21 heures, dont quatre ou cinq heures de transports en commun pour se rendre chez les différents patients qui l'attendent. « Lorsque je rentre chez moi, j'aurai passé douze heures hors de mon domicile, et si seulement c'était une rare journée de travail, mais c'est presque tous les jours comme ça. À la fin du mois dernier, j'ai reçu mon salaire d'un peu plus de 850 euros. Je suis lessivée et en colère. » Lessivée et en colère. Tout en travaillant.

Je pourrais noircir des pages entières d'exemples similaires. Consacrer tout un chapitre à ces agriculteurs qui veillent sur leurs exploitations nuit et jour sans se verser de salaire. À ces jeunes gens qui font les métiers de la révolution numérique, livrent pizzas et sandwichs au pied de nos immeubles et sont payés au lance-pierres. Je pourrais évoquer le sort de ces ouvriers de l'industrie et du BTP, de la manutention, ces vendeurs, cuisiniers, agents d'entretien, ces métiers de l'action culturelle et sportive, ces aides-soignants... Des métiers qui connaissent la part de CDD/contrats d'intérim la plus forte (22 %, contre 12 % en 1984), en plus d'une forte volatilité de la demande, d'une saisonnalité importante et d'un turn-over poussé. Bref, la précarité à coup sûr. Tout en travaillant.

Pourtant, à travers mes exemples, ce sont les cas de trois femmes que j'ai souhaité mettre en valeur. Car, en plus des conséquences d'un travail qui ne permet pas de vivre dignement, de plus en plus de femmes seules doivent assumer l'éducation des enfants et affronter le fait qu'un nombre croissant de pères (40 % selon l'Agence de recouvrement des impayés de pensions alimentaires) ne s'acquittent pas/plus/ partiellement de la pension alimentaire. C'est alors un nouveau cercle infernal qui s'ouvre, ponctué par les rendez-vous judiciaires et les procédures... Il faut faire face, tenir debout, ne rien montrer aux enfants, imaginer, rafistoler, mettre un peu de couleurs sur le gris... Tout en travaillant. Reconnaissons au gouvernement d'avoir, sur ce point au moins, entendu les cris de détresse de ces mères avec l'annonce faite le 25 avril 2019 par Emmanuel Macron d'une réforme accordant aux caisses d'allocations familiales (CAF) le droit de « prélever les pensions alimentaires familiales directement sur le compte bancaire de l'ex-conjoint qui ne règle pas les sommes mensuelles qu'il doit payer ».

Sandra, Fabienne, Camille et les autres ne réclament pourtant ni compassion, ni charité. Elles demandent simplement à pouvoir vivre de leur travail. Et ne supportent plus d'en voir certains, à tort ou à raison, qui, ne travaillant pas et profitant des largesses de la solidarité nationale, s'en sortent bien plus facilement qu'elles. Ce que me confirme Martine, agricultrice rencontrée sur son exploitation de vaches laitières dans le centre de la France, à la fin du mois d'août 2019. Installée à son compte depuis 1981, après avoir repris l'affaire familiale, et à quelques mois de son départ en retraite, elle dit son impatience de passer la main. « Je suis contente d'arrêter. Je n'en peux plus », me lâche la sexagénaire, qui raconte l'évolution de son travail. « Dans les années 1990, le litre de lait se vendait deux francs et quelques centimes. Aujourd'hui, il se vend 35 centimes d'euro. Ce qui signifie qu'il n'a presque pas évolué. Or, les coûts du carburant, du matériel, la part des charges sociales : tout a explosé, si bien qu'aujourd'hui la marge qui me revient est réduite à sa portion congrue[1]. » Remplir sa cave de fioul lui coûtait 650 euros dans les années 1990. Il lui en faut 1 000 aujourd'hui. Certains mois, lorsque factures et impôts se cumulent, Martine se verse un salaire compris entre 300 et 500 euros maximum. « Je me lève tous les jours à 6 heures du matin, je suis sur mon exploitation de 7 heures à 20 heures, semaine, week-end et jours fériés compris. Je n'ai pas pris de vacances depuis des années. Comment puis-je accepter qu'en dépit de tout ça j'en sois réduite à faire plus attention à mes dépenses que si

---

1. Entretien en date du 9 août 2019.

je ne travaillais pas ? C'est inouï. » Son fils de 23 ans, pressenti pour reprendre l'exploitation, est parti décrocher un travail du côté de Bourges. Il gagne le SMIC. Sa mère s'inquiète pour la suite : « Comment lui demander de venir prendre la relève alors qu'avec son travail actuel il est certain de gagner sans doute plus qu'à l'exploitation ? » me dit-elle, finissant par confier voter Marine Le Pen. « Je ne suis pas raciste, je n'ai rien contre les étrangers et je ne souhaite même pas qu'elle arrive au pouvoir, mais ma situation est telle que c'est le seul moyen que j'ai à ma disposition pour dire ma colère. ».

J'ai conscience, en écrivant ces lignes, des cris d'orfraie et de l'indignation qu'elles susciteront chez certaines bonnes consciences de gauche qui passent leur temps à regarder le monde non tel qu'il est, mais tel qu'elles aimeraient qu'il soit. Pourtant, c'est parce qu'elle a refusé d'affronter le réel et de poser des mots sur ce que ressentent, vivent, voient les millions de Français comme Martine que la gauche s'est retrouvée dans le fossé, abandonnée par des vagues d'électeurs partis s'abriter dans l'abstention ou chez la famille Le Pen. À préférer se vautrer dans des postures morales permanentes en traitant tous les électeurs du Rassemblement national de fascistes plutôt que de tenter d'apporter des réponses à leurs craintes et inquiétudes, la gauche a renoncé à mener un combat essentiel.

La solidarité nationale, dont l'incarnation la plus populaire reste la Sécurité sociale, garantit un ensemble de droits qui assurent à chacun d'entre nous d'être assuré face aux risques sociaux : maladie, incapacité, chômage, vieillesse. Elle repose sur le principe d'universalité selon lequel l'ensemble de la population est couverte et permet à tout un chacun de cotiser en fonction de ses revenus, tout en recevant proportionnellement à ses besoins. Que chacun soit bien conscient de la chance que nous avons, nous Français, de vivre dans un pays qui a rendu possible cela. Ce système, sans doute imparfait et perfectible, fait de la France l'une des exceptions internationales en la matière. Si nos concitoyens dans leur majorité respectent les principes généraux de fonctionnement du système, certains en usent et en abusent. Je consacre tout un chapitre de ce livre à ces premières lignes de la République, ces agents d'accueil des caisses d'allocations familiales, antennes de Pôle emploi, centres de Sécurité sociale et urgences hospitalières qui travaillent dans des conditions difficiles, confrontés à l'incivilité, aux agressions et à la violence. Toutes et tous se plaignent, hormis les difficultés de leur travail, de voir de plus en plus de bénéficiaires se comporter comme si les droits dont ils pouvaient légitimement se prévaloir ne supposaient pas un seul devoir en retour. Le tout sur fond d'agressivité et d'injures. C'est cette logique du guichet à sens unique qu'il faut briser. À droit octroyé doit répondre un devoir, une contrepartie, dans une logique de donnant-donnant.

Ainsi, je propose que le versement de certaines allocations soit conditionné à un engagement concret du bénéficiaire en faveur de la société (actions auprès d'une association, collectivité territoriale, maison de retraite, centre socioculturel, etc.). L'engagement doit rester compatible avec la recherche d'un emploi, ne pas dépasser un volume horaire à définir, ne pas venir en remplacement/complément d'un emploi salarié et ne pas engendrer de frais (de transport notamment) pour le bénéficiaire. Inutile de préciser que j'exclus bien entendu de ce dispositif toutes les allocations liées à l'état de santé (allocation adulte handicapé ou pensions d'invalidité) et que ne seraient principalement concernés que les bénéficiaires du revenu de solidarité active (RSA), des allocations chômage et de l'allocation de solidarité spécifique (ASS) versée aux chômeurs en fin de droits.

Ce dispositif, en vigueur dans le département du Haut-Rhin depuis février 2016, a démontré son efficacité. D'abord parce que le bénévolat facilite le retour vers l'emploi et permet dans certains cas de déboucher sur des contrats d'insertion. Ensuite, parce que l'expérience permet de maintenir le lien social et d'éviter que certains bénéficiaires ne se morfondent dans la solitude. « Les gens que nous suivons ne veulent plus se sentir comme des parasites. Le bénévolat, c'est enfin une chose positive à raconter à sa famille, à ses amis. Cela leur redonne un rôle, en attendant de retrouver du travail », explique un travailleur social du département interrogé dans la presse. J'y vois enfin une réponse à la crise des vocations qui touche le secteur associatif. Élu des quartiers populaires d'Avignon depuis 2014, je constate au plus près du terrain à quel point les associations, épiceries sociales, clubs pour seniors ont du mal à recruter et voient parfois leurs activités menacées lorsque tous les anciens ont fini par passer la main et que personne n'est venu la saisir.

Je crois profondément à cette idée qu'un droit doit engendrer des devoirs.

On me rétorquera que la proposition est défendue par Laurent Wauquiez, qu'elle fut reprise plus récemment par le Premier ministre Édouard Philippe, ce qui prouverait donc qu'elle n'est pas de gauche. Et alors ?

Je l'affirme : les mots et les idées n'appartiennent à personne. Le bon sens non plus. La gauche républicaine que nous voulons incarner affrontera tous ces sujets sans détour, en regardant le monde lucidement, en posant des mots sur les problèmes et en trouvant les solutions qui, toujours, allieront efficacité et justice sociale, pragmatisme et humanité. Voilà, sans doute, ce qui fait la différence entre une partie de la droite et nous !

Dans la même logique que ce qui précède, je ne vois pas au nom de quoi la solidarité nationale financerait des choix qui, si respectables soient-ils, sont des choix privés. Je pense à ce titre qu'il ne serait pas totalement absurde que les allocations familiales ne soient plus versées après le troisième enfant. Les sommes ainsi économisées pourraient être, dans une logique de redistribution, consacrées à une augmentation de l'allocation pour le premier enfant, qui est celui qui coûte le plus cher aux familles.

J'ai bien conscience du caractère explosif de la question. Je garde en mémoire la violence de la polémique qui a agité le pays lorsque la question de la modulation de ces allocations selon les revenus s'est posée pendant le quinquennat Hollande. Et pour ma part, je crois et défends le principe d'universalité. La nation doit pouvoir continuer à accompagner les familles, toutes les familles, à encourager la natalité, afin notamment de garantir le seuil de renouvellement des générations qui indique le nombre moyen d'enfants par femme nécessaire pour qu'une population donnée conserve le même effectif. Mais je crois, dans le même temps, que faire le choix d'avoir quatre, cinq, six ou sept enfants est un choix de vie dont chacun doit assumer les conséquences sans en faire porter le poids sur la société tout entière.

Vivre dignement de son travail suppose de payer un impôt juste et lisible. Tout le contraire du sentiment qu'ont aujourd'hui les Français face à un système fiscal perçu à la fois comme injuste et incompréhensible.

Avec 252 taxes et impôts d'État et des dizaines d'autres relevant de la compétence des collectivités territoriales, la France est à la fois championne de l'OCDE de la pression fiscale (devant le Danemark) et de la dépense publique (devant la Finlande). Pire, l'ensemble de la fiscalité est chez nous perçue comme profondément injuste, tant en considérant le nombre de taxes sournoises que l'assiette de l'impôt et les populations qui y sont assujetties. D'un côté se voient dénoncées l'évasion et l'optimisation fiscales pratiquées par les plus riches (entreprises multinationales ou particuliers), de l'autre l'absence d'imposition directe d'une part importante de la population. Dans les faits, sur les 38 millions de foyers fiscaux, seuls un peu moins de 16,5 millions sont concernés par l'impôt sur le revenu. Dans ce contexte, la taxe sur le carburant qui a mis le feu aux poudres, comme la suppression (partielle) de l'ISF, ont été perçues comme de véritables provocations. Le ras-le-bol s'est exprimé avec d'autant plus de vigueur et de violence désordonnée que, dans une société marquée du sceau de l'individualisme, nul représentant n'a été clairement désigné pour le porter, nul interlocuteur n'a été jugé légitime pour le recevoir en dehors du président de la République lui-même. C'est d'ailleurs vers l'Élysée que convergeaient les cortèges dans l'espoir de parler à « Manu » ! Cette idée de démocratie directe a obligé Emmanuel Macron à se retrousser les manches en désespoir de cause et à payer de sa personne un peu partout sur le territoire dans le cadre du Grand Débat.

Sur cette question, je veux défendre et dessiner les contours d'un nouveau pacte républicain autour de l'impôt.

Celui-ci passerait par une totale refonte conjointe de l'impôt sur le revenu, de la CSG et de la TVA. La CSG serait ainsi fondue dans l'impôt sur le revenu, qui devrait lui aussi être revu de fond en comble. On l'a dit, aujourd'hui il épargne d'un côté plus de la moitié des contribuables, tout en grevant brutalement les finances des classes moyennes et moyennes supérieures de l'autre. Celles-ci sont d'autant plus touchées qu'elles sont inéligibles à la plupart des aides sociales sans pour autant, de par la nature de leurs revenus, essentiellement salariaux, se noyer dans les délices de la défiscalisation, contrairement aux plus fortunés et ceux dont les revenus et le patrimoine sont essentiellement mobiliers. Aujourd'hui, il existe 5 tranches, allant de 0 % à 45 % d'imposition. La première tranche à 0 % va jusqu'à 9 664 € de revenus, abattements compris. Elle concerne donc une majorité de Français, témoignant tant de l'importance du nombre de ceux qui évitent l'impôt, que de la faiblesse des salaires dans un pays où 87 % des nouvelles embauches se font à temps partiel ou en CDD. À peine dépassée, elle voit le contribuable être imposé à 14 %, tandis que la tranche suivante monte directement à 30 % et concerne les revenus entre 27 520 € et 73 779 €. C'est cette dernière tranche qui est la plus juteuse et la plus injuste et voit des foyers fiscaux y être assujettis sur une part majeure de leurs revenus. La tranche suivante, large elle aussi, atteint 41 % pour les revenus allant entre 73 780 € et 156 245 €. Vient enfin la dernière tranche atteignant un taux de 45 %. Au-delà, rien ! Ainsi, que l'on soit un foyer fiscal très aisé, néanmoins dans les clous de la décence ordinaire, ou un milliardaire, on est plus ou moins considéré de la même manière par l'administration fiscale. Ce n'est évidemment pas acceptable et le nombre comme l'assiette et la progressivité de ces tranches doivent être revus.

Même symboliquement, la première tranche mérite de signifier un assujettissement du contribuable à l'impôt républicain avec la mise en place de « l'impôt pour tous », en parallèle d'une baisse de la TVA que j'évoque dans les prochaines lignes. L'idée que tous les citoyens, y compris les plus modestes, versent une contribution, si symbolique soit-elle, me semble juste. Beaucoup de Français qui bénéficient de la protection de la solidarité nationale notamment ne verraient pas d'inconvénient à verser 5, 10 ou 20 euros par mois au fonctionnement de l'État. Au titre du symbole. Et de l'exemple.

Les tranches suivantes doivent être plus nombreuses (de l'ordre de 8 ou 9 au total) et témoigner d'une plus grande progressivité en plus de dépasser les 45 % pour les revenus les plus indécents. Les plus riches contribueraient ainsi davantage et la pression fiscale sur les classes moyennes serait quelque peu allégée, proportionnellement à leurs revenus réels. Un tel bouleversement n'est envisageable que s'il s'accompagne de deux mesures fortes, à savoir la remise à plat complète des niches fiscales, mais aussi des processus de défiscalisation. Ces niches sont un serpent de mer de l'actualité fiscale. Chaque gouvernement prétend qu'il va s'y attaquer et remet le chantier aux calendes grecques. Cela réclame du courage politique certes, mais s'en exempter fait courir bien davantage de risques à moyen terme, tant aux élites qui nous gouvernent qu'à la démocratie dans son ensemble. Il sera toujours temps, face à d'éventuelles injustices, de remettre certaines exonérations en place et de les adapter à la réalité des circonstances. Il y a néanmoins fort à parier qu'en tel cas les tailleurs de pipe de Saint-Claude et les cultivateurs de truffes ne verront pas leurs étranges privilèges fiscaux être réintroduits.

L'autre versant de la réforme consisterait à baisser ou supprimer la TVA sur les produits de première nécessité, comme la nourriture par exemple, à l'image du taux super réduit notamment pratiqué en Irlande (4,8 % sur les produits alimentaires). Un tel taux, inférieur à 5 %, nécessite certes une dérogation de l'Union européenne, mais il permettrait de corriger l'injustice flagrante de la TVA. En effet, celle-ci, qui représente 53,9 % des recettes fiscales contre 25,3 % pour l'impôt sur le revenu (un des plus faibles niveaux d'Europe), pèse plus lourd sur les revenus modestes, dont la part destinée à la consommation de produits est plus importante que celle des plus riches.

En rétablissant la progressivité de l'impôt sur le revenu, en y introduisant une première tranche contributive concernant la réalité des revenus des plus modestes, on éviterait une perte importante de recettes fiscales tout en rétablissant une certaine justice dans leur collecte.

Ces revendications, à l'exception de « l'impôt pour tous », qui a été cité par 34,7 % des contributeurs, ne sont pas apparues prioritaires dans la restitution du Grand Débat. Sans doute une question de méthode de traitement et, encore une fois, de catégorie socioprofessionnelle et d'origine (très urbaine) des participants.

Mais elles sont pourtant sans cesse apparues dans les revendications les plus raisonnables des Gilets jaunes et au fur et à mesure des enquêtes qui ont accompagné le mouvement. Il n'est certes pas question de gouverner en suivant le seul vent de l'opinion, mais il s'avère impossible de le faire en allant purement à contre-courant de celle-ci.

La majeure partie des révoltes et des révolutions qui ont traversé notre histoire portaient en elles un motif fiscal. Le mouvement des Gilets jaunes n'a pas échappé à cette règle, en dehors de ses aspects totalement originaux liés au caractère disparate de ses revendications, à l'absence de représentants clairement identifiés, et à ses soubassements individualistes. Il n'est pas forcément un épiphénomène et marque peut-être le début d'une nouvelle forme de contestation qui ne demande qu'à resurgir en cas d'absence de prise en compte des rancœurs qui l'ont vu naître. Nos gouvernants, comme l'ensemble des partis politiques, feraient bien de s'en aviser avant qu'il ne soit trop tard. Il leur faudra rapidement apporter des réponses concrètes et fortes, eux qui ont tant le mot de réforme à la bouche, mais rarement le courage d'en porter de véritables qui ne soient pas de simples régressions. Et qu'il soit question de fiscalité comme pour tant d'autres sujets, toute réponse possible passe par la République et rien que la République.

La bataille de l'intégration

La crise que traverse notre société est souvent abordée à travers ses dimensions économiques, sociales ou fiscales, comme nous venons de le voir. La mondialisation a eu durant les trente ou quarante dernières années des conséquences importantes sur nos sociétés, en modifiant drastiquement, en particulier, la situation économique de nos contemporains. Que ce soit en termes de taux de chômage, de développement du travail précaire ou de stagnation – et parfois de recul – du pouvoir d'achat. Dans ce contexte, la confiance que les citoyens placent habituellement dans leurs dirigeants politiques élus s'est progressivement effritée. La défiance s'est parfois installée vis-à-vis du régime démocratique lui-même, comme la crise des Gilets jaunes nous a donné l'occasion de le constater.

Mais cette défiance ne trouve pas ses racines uniquement dans les considérations matérielles de l'existence liées à l'évolution du monde du travail ou au contexte économique de notre époque. À côté de ces conditions matérielles, il y a des conditions immatérielles, touchant à nos modes de vie et relevant du culturel, qui sont le plus souvent évacuées d'un revers de la main dans l'analyse de la crise qui caractérise notre époque. Rares sont ceux qui, dans le débat public, ont développé une réflexion sur cette anxiété culturelle, qui vient s'ajouter à l'anxiété économique. Le politologue et cofondateur du Printemps républicain Laurent Bouvet[1] est de ceux qui ont développé les réflexions les plus abouties sur cette insécurité culturelle, concept qui « décrit le sentiment d'insécurité potentiellement éprouvé par un groupe social autochtone confronté dans son espace culturel historique à une présence ou à une influence extérieure ».

Sur la scène internationale, deux événements politiques majeurs, tous deux survenus en 2016, ont mis en évidence la place centrale jouée par cette insécurité culturelle. D'une part, le choix des Britanniques de sortir de l'Union européenne lors du référendum sur le Brexit le 23 juin 2016, et d'autre part, à peine plus de cinq mois plus tard, la victoire de Donald Trump lors de l'élection présidentielle américaine du 8 novembre 2016. Dans ces deux cas, la victoire s'est autant jouée sur la corde économique que – voire plus ? – sur la corde culturelle. Outre-Atlantique, le bouleversement démographique d'une Amérique qui voit s'approcher le moment où les Blancs non hispaniques passeront en dessous de la barre des 50 % de la population, bouleversement auquel Donald Trump

---

1. Laurent Bouvet, *L'Insécurité culturelle*, Fayard, 2015.

proposera sa réponse sous la forme d'un mur avec le Mexique. Et, chez notre voisin britannique, « le plombier polonais », qui a fait office d'épouvantail d'une efficacité folle lors du débat sur le Brexit. En France, c'est en étudiant la montée en puissance du Front national depuis l'élection municipale de Dreux en 1983, en passant par la qualification de ses candidats au second tour des présidentielles de 2002 et 2017, que la dimension culturelle de l'explication est venue compléter la dimension économique généralement mise en avant par les observateurs.

La question a pris plus d'acuité encore avec la crise migratoire, qui a atteint son paroxysme politique en septembre 2015, lorsque la chancelière allemande a annoncé sa décision d'ouvrir les frontières aux réfugiés, répondant ainsi à la crise humanitaire qui s'annonçait en Hongrie en raison de l'afflux de migrants et de la fermeture de la frontière hongroise avec l'Autriche. L'histoire retiendra que, cette année-là, l'Allemagne a accueilli un million de migrants.

Dans son article « Migrations : France incertaine, Europe éclatée[1] », le directeur général de l'Office français de l'immigration et de l'intégration, Didier Leschi, avance les chiffres suivants : en 2015, sur ses frontières orientales et sur les rives nord de la Méditerranée, l'Europe a accueilli 2,4 millions de migrants pour

---

1. Didier Leschi, « Migrations : France incertaine, Europe éclatée », *Le Débat*, n° 205, Gallimard, 2019.

509 millions d'habitants. Entre janvier 2014 et décembre 2017, ce sont 4 millions de personnes qui ont demandé l'asile, soit trois fois plus que les quatre années précédentes. Ces chiffres démontrent bien que l'Union européenne n'est pas aussi fermée que certains veulent bien le dire.

Les pays européens par lesquels sont entrés les migrants – on pense évidemment à la Grèce ou à l'Italie – ont parfois eu le sentiment d'avoir été laissés seuls face à l'afflux par les autres États européens. Selon les paysages politiques, les réactions dans les urnes se sont traduites de différentes manières. Quand l'électorat grec laissait peu de place à l'extrême droite, et ce malgré une situation économique catastrophique, les électeurs italiens, quant à eux, ont cédé beaucoup plus facilement aux sirènes populistes de la Ligue du Nord de Matteo Salvini.

Les autres pays de l'Union se sont divisés en deux groupes. Ceux, plutôt placés au nord de l'Europe, constituant les pays de destination finale des migrants, car perçus comme plus accueillants que les pays du Sud à la fois en matière de volonté politique d'accueil, mais aussi en termes de perspectives socio-économiques pour les nouveaux arrivants. Et ceux, plutôt situés à l'est de l'Union, qui ont très vite marqué leur volonté de n'accueillir aucun migrant ou presque. On ne compte plus les déclarations dans ce sens des dirigeants hongrois ou polonais par exemple.

Mais, depuis le paroxysme politique de 2015, le phénomène migratoire a changé de caractéristiques.

D'abord, il faut bien admettre que le nombre d'entrées toutes frontières européennes confondues est à la baisse en 2019. Les chiffres de l'agence européenne Frontex indiquent 54 300 entrées sur les sept premiers mois de 2019, soit « 9 % de moins que l'année précédente ».

Dans ces évolutions récentes, il faut par ailleurs noter une singularité française que souligne Didier Leschi. La France accordait, en 2013, 205 000 titres de séjour, contre 255 000 en 2018, soit une progression de 24 %. L'évolution défavorable des conditions d'accueil dans les pays européens qui étaient jusque-là favorables aux demandeurs d'asile oriente donc les demandeurs vers la France, ce qui fait dire à Leschi que notre pays « est bien une terre d'accueil, à contre-courant de la dynamique européenne en cours qui est celle d'une fermeture par la mise en place de plafonds annuels afin de limiter les regroupements familiaux ou de restrictions visant à limiter les arrivées ». Ceux qui, à gauche notamment, accusent régulièrement la France de ne pas être suffisamment accueillante en seront donc pour leurs frais !

L'observation de la situation de l'Europe, et plus particulièrement de la France depuis quelques années, appelle plusieurs remarques.

D'abord, un premier constat. Si le pic de la crise migratoire est derrière nous – sauf nouvel afflux imprévisible à venir –, les images terribles des migrants traversant la Méditerranée ou s'entassant sur des bateaux baladés de port en port donnent le sentiment aux Européens que la tension persiste toujours. Face à ce sentiment, toutes les réactions ne sont pas généreuses, c'est le moins que l'on puisse dire, et cela a, qu'on le veuille ou non, des impacts politiques dans les pays d'accueil – l'exemple de l'Italie est flagrant à ce niveau.

Le deuxième constat, comme nous venons de le voir, est que notre pays est accueillant malgré ce que peuvent prétendre les activistes d'un monde « sans frontières » et que cela ne date pas d'aujourd'hui. La France est un pays d'accueil de longue date, principalement de populations européennes dans un premier temps (Italiens et Espagnols notamment), puis extra-européennes dans un deuxième temps, au point que, en analysant les occurrences de prénoms d'origine arabo-musulmane dans son ouvrage *L'Archipel français*[1], le politiste Jérôme Fourquet constate que ces prénoms, qui étaient de l'ordre de 1 % des nouveau-nés dans les années 1960, ont bondi autour de 18 % dans les années 2010.

Sur ces questions hautement inflammables, la gauche républicaine se doit de tenir une ligne de crête.

D'abord, en dénonçant tous ceux qui, à l'extrême droite, s'entêtent à penser que la stabilité d'un pays de 67 millions d'habitants, l'une des premières puissances mondiales, pourrait être ébranlée et menacée par l'arrivée de quelques milliers d'étrangers sur son sol. Quelle vision étriquée de la vie et quel terrible manque d'empathie faut-il avoir pour rester insensible au sort de ces milliers de malheureux qui ont fui guerres et

---

1. Jérôme Fourquet, *L'Archipel français, op. cit.*

chaos! Les xénophobes agissent toujours de la même manière. Ils commencent par s'attaquer aux étrangers les plus récemment arrivés, puis, très vite, ils s'attaquent à tous ceux qui leur semblent différents d'eux-mêmes : Juifs, homosexuels, femmes, francs-maçons, etc.

Mais ne pas céder aux xénophobes, c'est aussi ne pas céder aux tenants d'un pays ou d'un continent sans frontières. Car, si les xénophobes ont pour objectif l'arrêt de toutes nouvelles entrées, la promotion d'un monde sans frontières revient quant à elle à exciter les esprits avec un objectif inatteignable, donc inutile, et à terme dangereux.

Puisqu'un pays aux frontières hermétiques refusant les nouvelles entrées de migrants est aussi peu souhaitable qu'un pays aux frontières inexistantes laissant entrer qui veut sans conditions, il est alors nécessaire de fixer les critères permettant de définir qui peut entrer et qui ne le peut pas. Ces critères pourront être de plusieurs ordres, mais le plus décisif à mes yeux est celui de la capacité d'intégration des nouveaux arrivés, élément crucial pour notre vie en commun, car, dans une société aussi fragmentée que la nôtre, il est nécessaire que, quelles que soient nos trajectoires passées, notre avenir soit commun.

C'est d'ailleurs ce que m'expliquait une réfugiée installée en France depuis quelques années. Fille d'un député de gauche syrien torturé par le régime de Bachar el-Assad, Haïfa est arrivée en 2015 avec son époux, journaliste et opposant au régime, et leur fille alors âgée de 4 ans.

Dès les premières semaines de son installation dans une grande ville de l'Ouest de notre pays, elle constate que les familles syriennes arrivées avant elle tentaient toutes ou presque de trouver un logement dans le même quartier, afin de ne pas être séparées. « Je peux parfaitement comprendre qu'après avoir vécu l'enfer et ne parlant pas français pour la plupart, mes compatriotes soient rassurés de se retrouver entre Syriens, dans un environnement familier. Mais je ne suis pas vraiment certaine que cela aide à s'intégrer, à découvrir le pays qui a accepté de nous accueillir, à apprendre sa langue. »

Haïfa comprenait que les nouveaux arrivés cherchent à combler l'éloignement du pays par un rapprochement avec les compatriotes réfugiés en France, mais ce qu'elle acceptait moins, c'était l'absence d'efforts d'intégration. Elle sursaute même en entendant un responsable associatif répéter à qui voulait bien l'entendre que les mélanges avec les Français devaient se faire avec parcimonie pour éviter d'importer dans la communauté syrienne les problèmes de la société française, visant par cela la fragmentation des familles, les ruptures familiales, les divorces et autres éloignements entre parents et enfants, etc.

Dès les premières semaines, Haïfa comprend également l'importance de la question de la langue et regrette que la France ne s'inspire pas de ce que font d'autres États européens, à savoir le conditionnement du versement d'aides sociales additionnelles à l'apprentissage de la langue locale. « Apprendre la langue du pays d'accueil, c'est la priorité, le premier pas vers l'intégration dans la société que nous, réfugiés, avons décidé de rejoindre en tournant, de manière radicale, une page de nos vies, et je trouve dommage que la France sous-traite dans une majorité de cas cette question à des associations qui fonctionnent avec des volontaires, associations qui par ailleurs manquent souvent de moyens », me dit la jeune mère de famille dans un mélange d'arabe et de français, dont elle avait commencé l'apprentissage quelque temps avant que n'éclate la guerre. « Enseigner une langue, de surcroît à des adultes, est un métier qui ne s'improvise pas. C'est à des professionnels de s'en charger. » La volonté de rester entre soi qu'Haïfa constate chez certains primo-arrivants syriens n'est pas la seule chose qui la heurte.

« Quand je vois comment se comportent ceux qui sont là depuis deux ou trois générations – parfois plus –, qui sont nés ici et qui continuent à ne pas se considérer comme français, ça me sidère. Ce repli sur fond religieux me choque, moi qui arrive pourtant d'un pays du Moyen-Orient! » me dit-elle.

Alors qu'elle se promène avec son mari, qui tient une cigarette allumée entre les doigts, un jeune homme apostrophe le couple et leur reproche de ne pas jeûner pendant le ramadan. « Même en Syrie, avant et pendant la guerre, je n'ai jamais eu droit à de telles attitudes et nous pouvions fumer et manger pendant le ramadan sans risquer de remarques! »

En France, depuis dix ans, les primo-accédants à un titre de séjour sont en croissance très nette : leur nombre est passé de 171 907 en 2007 à 262 000 en 2017, avec une progression plus forte à partir de 2012. Il faut être lucide et reconnaître qu'il sera difficile de redescendre sous le seuil des 200 000 nouvelles entrées annuelles, compte tenu du regroupement familial, des conflits militaires et des guerres civiles, et du changement climatique qui influencera à son tour les flux migratoires.

De fait, les modalités d'intégration paraissent être d'autant plus importantes à renforcer. L'apprentissage de la langue du pays d'accueil est l'étape la plus importante à mes yeux, car, sans elle, on ne peut espérer aucune sociabilité. Sans relations sociales avec le reste de la société française, les immigrés nouvellement arrivés n'auront aucune chance de bénéficier des leviers de l'intégration. Les leviers matériels, ceux de l'emploi et de ce qui en découle en termes de logement ou de pouvoir d'achat, etc. Mais aussi les leviers immatériels en matière de culture du pays d'accueil ainsi que de valeurs civiques et sociales.

Par ailleurs, il me semble indispensable que, en ce qui concerne les offres de logement, les services de l'État et les collectivités veillent à ne pas concentrer les nouveaux arrivants dans les mêmes quartiers, reproduisant ainsi l'erreur catastrophique commise avec les populations immigrées arrivées des pays d'Afrique ou du Maghreb. Accompagner la création de nouveaux ghettos régis par l'entre-soi et le repli identitaire ne serait rendre service ni à ces nouveaux venus, ni à nous-mêmes.

Concernant les cours de français pour adultes, nous avons urgemment besoin que l'État les renforce sérieusement. La République doit bien cela à ces femmes et ces hommes appelés à s'installer durablement, peut-être pour toujours, et probablement appelés à devenir français à leur tour. Il ne me semblerait d'ailleurs pas totalement absurde que l'apprentissage effectif et une maîtrise minimale du français constituent l'une des conditions d'acquisition d'un titre de séjour plus long (les réfugiés politiques n'étant, naturellement, pas concernés par cette disposition).

La République doit ces efforts supplémentaires à ses enfants d'aujourd'hui et de demain. Car je n'oublie pas que la Nation française est une nation civique, une nation de citoyens. Elle n'est pas une nation ethnique comme certains de nos voisins européens. En France, les citoyens sont égaux, ne serait-ce qu'en principe – et la bataille pour les principes est la mère de toute bataille à mes yeux. Une nation civique qui sait accueillir en son sein les nouveaux venus à condition d'être elle-même capable de leur offrir les moyens de l'intégration et à condition donc qu'ils le veuillent eux-mêmes. L'effort fait pour venir jusqu'à nos rivages est dans la majorité des cas suffisamment important pour qu'un effort supplémentaire d'intégration puisse se faire sans que cela soit perçu comme un excès d'exigence. La nation civique, la nation des citoyens – un modèle ailleurs dans le monde – le vaut bien !

Écologie républicaine !

Durant ce tour de France à la rencontre des Français, j'ai été frappé par une chose : pas une des personnes que j'ai rencontrées, pas un de ces territoires que j'ai traversés n'a été épargné ces derniers mois et ces dernières années par des phénomènes climatiques exceptionnels. Sécheresses, inondations, tempêtes, canicules, etc. Lors de nos discussions, les réflexions sur ces altérations du climat revenaient inlassablement. Parfois de façon très concrète, mais le plus souvent de manière incidente, au détour d'une phrase ou d'une anecdote. J'en titre le constat que la question écologique ne laisse aucun de nos concitoyens indifférent. D'autant plus que chacun constate désormais que sa vie quotidienne est touchée très concrètement par ces phénomènes.

Moi-même, comme tant d'autres de ma génération, je suis préoccupé par les dérèglements climatique et écologique. C'est donc un *combat pour la France* et pour le monde qui me tient à cœur et auquel je veux prendre part.

C'est lors de mon dernier passage au Maroc, à l'été 2019, que j'ai été rattrapé le plus fortement par la réalité du changement climatique. Les gens avec lesquels j'ai échangé sur place m'ont fait part de leur désarroi face aux températures plus élevées ; aux vagues de chaleur plus longues, étendues et fréquentes ; aux précipitations annuelles moins importantes et aux perturbations de la répartition saisonnière des pluies qui affectent l'agriculture, secteur qui fait vivre directement et indirectement des millions de Marocains.

Ce pays est un bon exemple des défis que nous devrons affronter collectivement dans les prochaines années. Le royaume chérifien est pris en tenaille entre plusieurs dérèglements climatiques. Il doit faire face, d'une part, à l'avancée du Sahara et à la disparition des oasis au sud, ces « ports sahariens » à travers lesquels transitaient les différents flux africains et méditerranéens. Et d'autre part, à la montée des eaux engendrée par le réchauffement climatique qui, si elle atteignait deux mètres comme cela est prévu par les scénarios les plus pessimistes du GIEC, constituerait un autre défi majeur, puisqu'à ce rythme les villes de Tarfaya sur la façade atlantique ou Martil sur la côte méditerranéenne pourraient presque être totalement englouties par les eaux tandis qu'Agadir, Essaouira ou Casablanca perdraient une partie non négligeable de leurs quartiers. Bordée par un océan et une mer, cette côte maritime qui fait la force du Maroc pourrait, dans le futur, devenir l'un de ses plus grands fardeaux. La Méditerranée, véritable poubelle à plastique, en plus de connaître une exploitation massive de ses ressources halieutiques, voit ses eaux se réchauffer d'année en année et il est à craindre, à terme, qu'elle ne devienne une mer « morte », dépourvue de toute vie marine. Côté Atlantique, le ralentissement du courant océanique Gulf Stream, si nous ignorons encore l'étendue de ses conséquences, engendrera des changements de températures pouvant charrier leur lot de phénomènes climatiques exceptionnels ainsi qu'un bouleversement de l'écosystème marin. Du Maroc à la France, il n'y a qu'une mer à traverser, mais sur chacune des deux rives les problèmes se posent à nous de la même manière.

Que les choses soient claires : je n'ai pas de solution miracle à proposer à l'une des plus grandes crises à laquelle l'humanité ait jamais été confrontée. Comment pourrait-il d'ailleurs en être autrement ? Mais sur ces sujets, encore une fois, je suis pour regarder les problèmes avec lucidité et pragmatisme, en disant la vérité aux Français.

Une conviction m'anime : l'humanité n'est pas au bord d'un précipice. Elle a déjà fait le pas de trop. Tous les scientifiques le disent, l'augmentation de la température de la planète est une réalité et la chute de la biodiversité est avérée. L'enjeu est donc de savoir comment nous allons atterrir : allons-nous nous écraser ou allons-nous, au contraire, sortir le parachute et gérer l'atterrissage en douceur ?

Cet état de fait ne doit pas nous mener à des discours catastrophistes et apocalyptiques comme le fait une partie de la mouvance écologiste, l'ancien député

Yves Cochet en tête. Se réfugier dans une ferme en Bretagne, comme il l'a fait, en prônant le remplacement de la voiture par la calèche et en prédisant la fin de la production de l'eau potable et de l'électricité dans vingt ans me semble davantage relever d'une farce que d'une analyse sérieuse de la situation. Les nouveaux mouvements écologistes, à l'image d'Extinction Rébellion, qui sont dans une radicalité politique pour le moment non violente, me préoccupent, car je sens advenir une possible tentation autoritaire sur la question écologique, empêchant toute réflexion rationnelle et scientifique. Ces gens sont potentiellement dangereux ; étant persuadés qu'ils vont mourir et que l'humanité n'existera plus dans quelques années, ils sont prêts à tout pour empêcher « l'effondrement ».

La collapsologie, cette dramatisation à outrance de l'avenir de la planète, ne correspond pas à mon tempérament. Je crois que cette façon de voir le monde est néfaste et fataliste, portant en elle l'idée d'une défaite inévitable ; tout le contraire du volontarisme républicain.

Il ne s'agit donc pas de savoir si nous sommes plus ou moins écologistes : nous le sommes tous ! Ou le deviendrons tous. En revanche, de quelle manière devons-nous l'être ? C'est là qu'il y a lieu de parler d'une écologie laïque et d'une vision républicaine de l'écologie. De quoi s'agit-il ? De rationalité, tout simplement. De poursuivre sur le plan écologique le programme des Lumières. Il faut d'abord couper court aux délires pseudo-religieux – la terre aurait une âme ? – et au millénarisme environnemental. Beaucoup de gens « croient », « savent » ou « ressentent » en dehors de toute rationalité scientifique. C'est insupportable et dangereux! Par ailleurs, nous voyons chez certains collapsologues une réinterprétation contemporaine du vieux mythe biblique du déluge : l'humanité ayant fauté, la nature – et non plus Dieu cette fois-ci – nous punirait pour nos péchés. La modernité a sans aucun doute surexploité la planète, mais ce n'est pas par l'appel à de nouvelles religions que nous nous rattraperons, mais bien en gardant espoir dans *le programme des Lumières* : il faut faire confiance à la science et lui donner les moyens de nous tirer du pétrin dans lequel l'humanité s'est mise.

Nous faisons face à une crise mondiale. De ce fait, il faut donc la traiter comme telle, à plusieurs échelles.

Je constate de plus en plus que les aspirations à l'amélioration de l'environnement entraînent souvent un phénomène de culpabilisation individuelle qui génère une anxiété collective.

Je suis persuadé qu'il faut cesser de culpabiliser les Français! Empêcher les « pauvres » de rouler dans Paris, car ils n'ont pas de voiture dernière génération qui leur permet d'avoir la vignette « Crit'air » adéquate, est une aberration sociale! Cette écologie punitive est aussi inutile que contre-productive. D'autant plus que celui qui pollue le plus n'est pas, dans la plupart des cas, celui qui est obligé de prendre sa voiture pour travailler. Le start-uper parisien trentenaire qui roule à trottinette électrique, mais envoie des centaines de mails par semaine, prend l'avion plusieurs fois par an et consomme des avocats bio et du quinoa importés d'Amérique latine a un bilan carbone sensiblement plus important que celui du plombier qui vit à Meaux ou Provins et qui doit nécessairement prendre sa voiture pour transporter son matériel et travailler à Paris.

C'est cette aberration qui fut l'un des déclencheurs de la crise des Gilets jaunes. Faire supporter une taxe écologique à ceux qui, faute de moyens, ne peuvent pas habiter dans les grandes métropoles fortement dotées en transports collectifs et qui doivent donc prendre la voiture pour aller travailler ne peut être ni entendu, ni admis par les premiers concernés. « Des gens qui ont des métros jusqu'à une heure du matin, des bus de nuit, des trottinettes et des vélos en libre service à chaque coin de rue viennent m'expliquer avec mépris que je dois abandonner ma voiture alors que le dernier bus de la journée passe devant chez moi à 19 h 30 », me dira un habitant d'un quartier populaire de Moulins, la préfecture de l'Allier, lors de mon passage dans la ville.

Je ne souhaite pas distribuer de bons et de mauvais points, pas plus que je ne veux d'une société qui dirait qui de X est plus écolo que Y! Il faut en finir avec le puritanisme ambiant que je sens monter très fortement dans certains milieux.

Bien sûr, il faut encourager les initiatives individuelles et collectives. Changer ses habitudes de transport, parrainer des ruches, nettoyer plages et forêts, participer à la création de jardins partagés, planter des arbres, prendre part à des communautés d'entraide, avoir un fournisseur d'électricité vert, être attentif à sa consommation d'eau, manger moins de viande et de meilleure qualité ; toutes ces actions mises bout à bout peuvent sans doute avoir un impact. Elles permettent également à celles et ceux qui s'y investissent de se sentir utiles, de prendre leur part, si modeste soit-elle, à l'effort général contre les dérèglements climatiques. Je le vois à Avignon, pour certains, ces petites actions permettent également, outre l'aspect strictement écologique, de pouvoir créer du lien social et c'est pourquoi il faut les multiplier et en faciliter l'organisation. Et sans doute faut-il en passer par une implication individuelle pour faire comprendre à tous les citoyens la réalité des dangers et l'urgence de la situation.

Pourtant, ces solutions individuelles et locales, si elles ont une utilité incontestable, ne permettront pas d'avoir un impact global et suffisant sur le changement climatique. Et puis tout le monde ne peut pas, faute d'envie, de moyens ou de temps, avoir recours à ce type d'actions. Face à cela, et en marge de ces actions individuelles ou à échelon très local, il me semble que c'est à l'État d'assumer son rôle protecteur et d'engager une politique industrielle verte transnationale extrêmement volontariste.

Oui, c'est à la République d'être en première ligne sur la question écologique et climatique en assumant une promesse : face à des citoyens inquiets des risques climatiques pour leur famille, leurs enfants et leur mode de vie, elle ne laissera ni se résigner au sauve-qui-peut individualiste ni passer à l'action directe désespérée.

Je crois en effet que l'écologie nous force à penser notre destin collectif; elle nous oblige au commun! Et en la matière, seule la République est à même de fournir un discours rassurant et entraînant. Personne ne doit se voir contraint de se débrouiller seul, de survivre seul. C'est à l'État de penser le risque et d'assurer contre ce risque climatique. Après la guerre, les reconstructeurs de la France ont été capables de créer des mécanismes permettant de s'assurer face aux risques de l'existence; prochainement nous devrons à notre tour imaginer une sécurité sociale climatique.

Je reprends également à mon compte l'idée d'un « Green New Deal », c'est-à-dire un renouvellement de notre contrat social, similaire à ce qui a pu être fait dans les années 1930 aux États-Unis sous Roosevelt (New Deal) ou en France avec le programme du Conseil national de la Résistance. Un contrat social qui hier protégeait contre les risques sociaux et sanitaires, un contrat social qui aujourd'hui protégera aussi contre les risques environnementaux. Il s'agira de penser un vaste plan d'investissement dans les énergies décarbonées visant à stopper le réchauffement climatique, tout en promouvant la justice sociale.

Je crois profondément que c'est à l'État d'accompagner, encore plus qu'il ne le fait déjà, la rénovation thermique de tous les logements; à l'État, avec l'Union européenne, de mettre les moyens pour généraliser le ferroutage et le transport fluvial; à l'État d'accélérer la transition vers le nucléaire nouvelle génération. C'est à l'État d'investir dans les énergies de demain en profitant de l'extraordinaire atout que constitue pour notre pays le fait de posséder le deuxième domaine maritime et le premier domaine sous-maritime du monde ; à l'État d'investir massivement dans la recherche et le développement sur les capacités de stockage et de transport d'énergie (batteries, réseaux intelligents, etc.) ; à l'État, avec les collectivités, de penser un maillage territorial qui permette à chacun d'avoir recours à des transports collectifs ; à l'État d'aider nos concitoyens les plus pauvres et les plus dépendants de la voiture à acquérir des voitures basse consommation. On me rétorquera que l'État fait déjà beaucoup et qu'il ne peut pas tout ; j'en conviens. Et je sais aussi l'importance croissante prise par les questions écologiques dans le débat public national ces vingt dernières années. Mais il ne sert à rien d'avoir des ministres de l'Écologie placés au rang de ministres d'État et trustant le carré de tête de l'ordre protocolaire gouvernemental si leur action est constamment entravée par des budgets rabotés par Bercy ou par la puissance des grands lobbys qui peuplent la haute administration, les cabinets ministériels ou les couloirs des assemblées parlementaires. Les départs fracassants de Delphine Batho sous le quinquennat Hollande et de Nicolas Hulot plus récemment en témoignent.

À l'échelle du monde, la France ne représente qu'environ 1 % des émissions mondiales de gaz à effet de serre. Les émissions françaises représentent peu en comparaison de celles de la Chine (28,3 %), des États-Unis (15,2 %) ou de l'Inde (7,1 %), qui émettaient à eux trois plus de CO_2 que le reste de la planète en 2017.

Mais, quoi qu'il en soit, nous sommes tous interconnectés et des dérèglements qui auraient lieu à l'autre bout de la planète sont susceptibles de tous nous affecter. Il faut donc penser l'action de l'État, des États, en dehors de leurs frontières. La question du réchauffement climatique est un problème mondial, il faut en faire l'une des pierres angulaires de nos relations diplomatiques et commerciales. Le « Green New Deal » doit donc s'accompagner d'une convergence européenne et mondiale. Et s'il le faut, d'un rapport de force. Nous savons bien l'établir lorsqu'il s'agit de défendre les intérêts stratégiques, industriels ou diplomatiques de la France, pourquoi ne pas l'imaginer sur le plan climatique ?

Qui d'autre que la France, ce vieux pays ancré aux quatre coins de la planète, pour impulser une nouvelle donne dans les relations internationales, pour faire en sorte que les institutions mondiales ne soient plus le reflet des équilibres géopolitiques issus de la Seconde Guerre mondiale ou de la guerre froide, mais de ceux d'aujourd'hui, à l'ère de l'anthropocène, avec au fond l'idée que l'homme est désormais responsable des évolutions de la planète ?

Nous serions très nombreux à être fiers de notre pays s'il prenait la tête d'une coalition prête à s'engager pour la restauration des écosystèmes endommagés, notamment en engageant des moyens importants pour préserver de larges zones maritimes ou en participant à la restauration des forêts, par exemple.

Nous serions fiers si la France initiait un programme de dépollution massif des océans et des eaux, en lien avec les associations qui font un travail important sur la question, et si elle venait en aide aux pays africains pour accélérer la mise en œuvre de la « grande muraille verte ».

Nous serions fiers si l'Europe disait plus fortement encore, au Brésil par exemple, que nos relations diplomatiques sont désormais conditionnées par la manière dont est traitée la forêt amazonienne. Car enfin, s'il est vrai qu'une partie de cette forêt est bien placée sous la souveraineté du Brésil, ne fait-elle pas partie d'un patrimoine universel ? La pression exercée cet été par Emmanuel Macron sur le président brésilien Jair Bolsonaro est un premier pas encourageant. Il en va de même pour la préservation des ressources halieutiques. Il va bien falloir que les États qui le peuvent protègent, via leurs forces militaires, les océans des braconnages, car il est inconcevable que cette mission soit prise en charge par des associations comme Sea Shepherd.

Nous serions fiers de l'Europe si elle se décidait enfin à sortir de la règle des 3 % maastrichtiens les investissements écologiques des États membres et si elle acceptait de mettre en débat cette proposition de bon sens : si nos partenaires commerciaux internationaux veulent continuer à vendre leurs produits chez nous, alors ils doivent se mettre au niveau (ou proche) des normes environnementales et sociales que nous

nous appliquons à nous-mêmes. Cela protégera nos producteurs, tout en incitant les producteurs du reste du monde à s'approcher de notre niveau d'exigence sur ces sujets.

Nous serions fiers de la France si elle proposait à l'ONU une restructuration des dettes mondiales pour les pays qui s'engageraient à lutter drastiquement contre le réchauffement climatique. La transformation d'une partie de la dette en dette verte consisterait à annuler des dettes de pays à mesure que des actions pour la transition ou l'adaptation sont menées.

L'humanité doit assumer sa domination sur la terre et la responsabilité qui en découle : nous avons la charge du monde, nous devons le protéger. Je suis persuadé que le monde ne s'éteint pas : au contraire, il ne fait que commencer !

Il y a ainsi tant à faire, tant à imaginer. C'est un défi exaltant. Il y a eu des rois bâtisseurs, il est venu le temps des leaders protecteurs de la planète.

Conclusion

Une voix républicaine et laïque, sociale et écologiste, féministe et universaliste manque dans le paysage politique aujourd'hui. Vous me l'avez dit, par centaines. J'en suis autant convaincu que vous. Vous êtes las de voter par défaut, pour le « moins pire », pour éviter le pire : je fais mienne votre lassitude. Vous ne voulez plus tergiverser, négocier, vous battre face à certains élus qui piétinent les principes républicains et la laïcité ; comment ne pas vous comprendre ?

Qui, aujourd'hui, dans le paysage politique, évoque avec clarté et sans fioritures la nécessaire lutte contre l'islamisme, le communautarisme, l'antisémitisme et l'homophobie ? Qui défend un féminisme universaliste ? Qui se bat pour renforcer le commun contre les particularismes ? Qui se lève pour la liberté d'expression et la défense de l'esprit Charlie ? Qui s'insurge contre le manque de considération porté à nos premières lignes ? Contre le mépris trop souvent adressé à ceux qu'un ancien Premier ministre qualifiait avec dédain de « France d'en bas » ?

Trop souvent, vous me l'avez dit aussi, vous avez retrouvé vos inquiétudes, vos angoisses, vos craintes pour l'avenir, exprimées dans les mots de Marine Le Pen. Ses mots et leur cortège d'outrances, d'excès et de caricatures, mais, à défaut de mieux, certains se sont laissé convaincre de voter pour elle. Qui suis-je pour les juger ? Car je fais, moi, nettement la différence entre les électeurs du Rassemblement national clairement guidés par des motivations racistes – et de dialogue, avec ceux-là, il ne peut y avoir. Et ceux, nombreux, qui lassés des alternances politiques sans lendemain, exaspérés que leurs angoisses ne soient jamais considérées, ont fini par franchir le pas et par saisir le bulletin de l'extrême droite comme l'ultime moyen de faire entendre leur voix. À ceux-là, je dis qu'il n'y a pas de fatalité. Comment oublier les mots de ce vieux monsieur rencontré à Toulouse qui me dira en marge d'une réunion : « La gauche me laisse le choix entre le renoncement et la trahison. Renoncer, en m'abstenant. Me trahir, en votant Le Pen, piétinant ainsi une histoire de famille qui se mêle depuis toujours à celle de la gauche. » Comment en sommes-nous arrivés là ? Je crois que, entre le renoncement et la trahison, une autre voix est possible. Celle de l'engagement.

Les idées que nous défendons depuis la création du Printemps républicain en mars 2016 sont, j'en suis intimement convaincu, majoritaires dans le pays. Cette conviction est d'autant plus ancrée en moi alors que s'achève ce tour de France. Quelques journalistes parisiens militants et déconnectés de la réalité de ce qui se passe dans notre pays ont décidé que ces idées étaient nauséabondes et infréquentables. Eux seuls pensent savoir ce qui peut être dit ou pas. Ce qui est de gauche et ce qui ne l'est pas. Depuis près de quatre ans, il nous faut répondre à des accusations en cascade venant de leur part : groupuscule islamophobe, satellite de Manuel Valls, laïcards intégristes, fachos de gauche, ou encore, la plus fréquente, l'accusation selon laquelle nous serions obsédés par l'islam.

Je veux ici prendre le temps de répondre à cette dernière accusation, car, en plus de me toucher personnellement, elle est aussi injuste qu'infondée. Et que je sais que des Français qui pourraient rejoindre notre combat ont été refroidis par l'image qui a, parfois, pu être renvoyée de nous. Je veux leur dire ceci.

Oui, bien sûr, il nous arrive de parler d'islam – encore que la réalité est que nous parlons souvent d'islamisme, et très peu d'islam, précisément dans le but de distinguer absolument l'un de l'autre ! Et qu'en disons-nous ? Sur les mères accompagnatrices voilées ? Que le droit est qu'elles peuvent porter un signe religieux, sauf volonté prosélyte ou intention de troubler le bon déroulement de la visite ! Sur le voile à l'université ? Qu'il doit être permis, car il est porté par des adultes libres ! Le premier prix du citoyen de l'année décerné en 2018 par notre association ? À Latifa Ibn Ziaten, mère de l'un des soldats tués par Mohamed Merah à Montauban, qui s'est voilée depuis ce drame. Cela nous vaudra d'ailleurs une pluie d'injures et une campagne de harcèlement de la part de centaines d'attachés de presse de l'intolérance qui, aveuglés par leur haine, ne comprennent pas que l'on puisse s'opposer politiquement, voire philosophiquement au port du voile sans mener de guerre ou de chasse à celles qui font le choix de le porter ! Convenez que ce n'est pas vraiment ce que l'on appelle des positions hostiles à l'islam, ni particulièrement radicales. En revanche, vis-à-vis des expressions identitaires et des tentatives parfaitement délibérées de contester ou d'infléchir le fonctionnement habituel des services publics, nous sommes en effet sans concessions. Et si nous sommes conduits à en parler souvent lorsque ces tentatives sont faites au nom de l'islam, par des islamistes, c'est parce que ces cas sont de très loin les plus nombreux, et que le problème identitaire posé par l'islamisme surpasse de très loin toutes les autres manifestations identitaires aujourd'hui. Mais notre intransigeance face à l'islamisme s'accompagne d'un combat tout aussi intransigeant contre l'extrême droite, ce qui nous est d'ailleurs reproché par d'autres, qui prétendent que cette dernière représente une menace moins forte pour le pays que l'islamisme. Je crois tout le contraire : l'extrême droite n'est pas un moindre danger, car elle peut arriver au pouvoir quand les islamistes ne le peuvent pas – et d'ailleurs ne le souhaitent même pas. Chacun opère sur un terrain différent : la politique pour l'extrême droite ; la culture et les modes de vie pour les islamistes.

On peut et l'on doit donc lutter contre l'un et contre l'autre avec la même énergie. Et sans doute faut-il, face à l'extrême droite, s'y prendre autrement que par une succession de postures morales et d'accusations de fascisme lancées à la figure de ses électeurs. C'est ce que fait une grande partie de la gauche avec constance depuis trente ans pour lutter contre l'extrême droite ; et cela fait trente ans que celle-ci ne cesse de prospérer.

Alors, comment faire ? D'abord en lançant des politiques structurelles de prise en compte de vastes catégories de la population qui ont été objectivement délaissées ; j'ai tenté d'en esquisser les premières grandes lignes dans ce livre. Ensuite, en cessant de disqualifier par avance les inquiétudes exprimées par une partie de la population, qu'il s'agisse de la sécurité, de l'immigration ou du communautarisme. Il ne s'agit absolument pas, comme le répètent certains de manière un peu paresseuse, de « chasser sur les terres du Front national », mais d'apporter la démonstration que l'on peut parler de ces sujets – l'identité, les modes de vie, la place de la religion dans la cité, la confrontation entre des pratiques culturelles différentes – de manière précise, sereine et républicaine.

Enfin, en proposant un projet politique qui repose sur quelques fondamentaux ; un socle républicain défendant l'universalisme ; un socle social ; un socle écologique et un socle européen. Sans doute, certains me feront le reproche de n'avoir pas abordé cette dernière question dans ce livre. J'assume ce choix, autant que celui de n'avoir pas voulu faire de catalogue ; et si la question européenne est effectivement majeure, il m'a semblé que donner la parole à nos fonctionnaires, présenter ce que pourrait être une réforme importante de la politique de la ville, parler de dignité au travail, de fiscalité, de politique migratoire ou d'écologie étaient des choix tout aussi légitimes et tout aussi conformes aux priorités des Français.

Et maintenant? Comment continuer à porter ces idées dans le débat public? Souvent, on me demande si le Printemps républicain a vocation à se transformer en parti politique. L'habitude aidant, je devine désormais assez facilement si cette question est motivée par une inquiétude ou par un espoir.

La vérité, c'est que malgré mon jeune âge relatif, une expérience militante de près de quinze ans m'a appris qu'un engagement en politique ne se décrète pas ; ce sont les circonstances qui rendent possible – ou pas – un tel rendez-vous.

Ce que je sais, en revanche, c'est que des millions de Français de gauche ne se sentent plus représentés dans le débat politique. Comme le monsieur de Toulouse, ils ne veulent plus avoir à choisir entre le renoncement et la trahison. Notre responsabilité à leur égard est immense. Leur proposer un chemin est un impératif. Puisque d'autres ne semblent pas décidés à le faire, alors oui, nous nous y préparons !

Remerciements

Je tiens à remercier Sophie de Closets et les équipes de Fayard pour leur confiance. Merci à Isabelle Saporta, mon éditrice, pour son énergie si communicative. Ses conseils et ses encouragements furent très précieux durant toutes ces semaines d'écriture.

Merci aux dirigeants, militants et sympathisants du Printemps républicain qui ont permis que ce livre voie le jour grâce à leurs conseils ou leurs témoignages. Il serait trop long de les citer tous, mais ils se reconnaîtront et je voudrais les assurer de mon infinie gratitude.

Un immense merci, enfin, à ces centaines de Français rencontrés depuis le début de l'année qui m'ont fait part de leurs doutes et de leurs espérances. Merci à Marika Bret et à toute l'équipe de *Charlie Hebdo* qui tiennent debout face aux cerveaux malades et aux couards. À Nathalie et son fils qui sauront en refermant ce livre qu'ils ne seront jamais plus laissés seuls face à l'antisémitisme. À Rachida, musulmane libre et femme courageuse. À Mehdi, définition vivante de la résilience. Merci à Abdoulaye, Patricia, Thomas, Marie-Laure, Frédérique, Pierre, Sophie, Florian, Antoine, Annie, Marie, Martine, Camille, Haïfa et tous les Français qui m'ont ouvert les portes de leurs maisons, bureaux, commissariats, hôpitaux, exploitations agricoles, me parlant avec des mots simples, souvent si touchants, de leur vie et de leurs aspirations.

C'est pour toutes ces femmes, tous ces hommes et leurs histoires que je suis résolu, plus que jamais, à poursuivre et à amplifier ces combats pour la France !

Table

DEUXIÈME PARTIE

Cet ouvrage a été imprimé en France par
CPI Bussière
Z.I. rue Pelletier Doisy
18200 Saint-Amand-Montrond (France)

pour le compte des Éditions Fayard
en octobre 2019

Photocomposition Belle Page

Dépôt légal : octobre 2019
N° d'édition : 85-6085-7/01 - N° d'impression : 2047800